丛书系国家社科基金重大招标项目《中国共产党百年奋斗中坚持敢于斗争经验研究》（项目编号：22ZDA015）阶段性成果。

奋力建设现代化新广东研究丛书

中山大学中共党史党建研究院　编　张　浩　丛书主编

以教育、科技、人才支撑广东现代化建设研究

刘　燕　禹世波　著

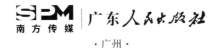

南方传媒　广东人民出版社
·广州·

图书在版编目（CIP）数据

以教育、科技、人才支撑广东现代化建设研究 / 刘燕，禹世波著. -- 广州：广东人民出版社，2024.8.（奋力建设现代化新广东研究丛书）. -- ISBN 978-7-218-17796-0

Ⅰ. D676.5

中国国家版本馆CIP数据核字第20246Y2C63号

YI JIAOYU、KEJI、RENCAI ZHICHENG GUANGDONG XIANDAIHUA JIANSHE YANJIU

以教育、科技、人才支撑广东现代化建设研究

刘　燕　禹世波　著

出 版 人：肖风华

出版统筹：卢雪华
策划编辑：曾玉寒
责任编辑：李宜励
责任校对：林　俏
装帧设计：广大迅风艺术　刘瑞锋
责任技编：吴彦斌

出版发行：广东人民出版社
地　　址：广州市越秀区大沙头四马路10号（邮政编码：510199）
电　　话：（020）85716809（总编室）
传　　真：（020）83289585
网　　址：http://www.gdpph.com
印　　刷：广州市豪威彩色印务有限公司
开　　本：787mm×1092mm　1/16
印　　张：10.75　字　　数：205千
版　　次：2024年8月第1版
印　　次：2024年8月第1次印刷
定　　价：48.00元

如发现印装质量问题，影响阅读，请与出版社（020-85716849）联系调换。
售书热线：（020）87716172

　　古代广东处于中国大陆的最南端，南有茫茫大海、北有五岭的重重阻隔，且远离中国的政治经济文化中心。然而，近代以来，广东却屡开风气之先。广东是反抗外国侵略的前哨，同时又是外国新事物传入中国的门户，地处东西文明交流的前沿，一直扮演着现代化先行者的角色。许多重大历史事件和著名历史人物不约而同和广东联系在一起，使广东在整个近代中国居于一种特殊的地位。中国近代史的第一页就是在广东揭开的。两次鸦片战争都在广东发生，西方国家用大炮打开中国大门，首先打的是广东。而中国人民反抗外国侵略的斗争，也首先是从广东开始的。众所周知，1840年英国侵略者以林则徐在广东虎门销烟为由，发动侵略中国的鸦片战争，这是中国近代史开端的标志。作为近代中国人民第一次反侵略斗争的三元里抗英斗争即发生在广东，因此广东成为中国反对外来侵略的前沿阵地。广东也产生了一大批在中国乃至世界上都有影响力的思想家、革命家。他们站在时代的前列，探索救国救民的真理，投身于救国救民的运动，推动和影响了近代中国发展的历史进程。毛泽东在《论人民民主专政》一文中谈到近代先进的中国人向西方寻求救国真理，他举出四个代表人物，即洪秀全、严复、康有为和孙中山，这四个人中有三个是广东人。从洪秀全领导的太平天国起义，到康有为等人领导的维新运动，这些广东仁人志士对救国良方的寻觅，都推动了中国早期的现代化进程。特别是孙中山先生在《建国方略》中曾对中国现代化景象作出过天才般的畅想。然而，遗憾的是，由于没有先进力量的领导、没有科学理论的指导，民族独立无法实现，现代化也终究是水月镜花。

1921年7月，中国共产党的诞生，是开天辟地的大事变，标志着中国的革命事业有了主心骨、领路人。广东是大革命的策源地、中国共产党领导革命斗争的重要发源地之一、中国共产党探索革命道路的核心区域之一和全国敌后抗日三大战场之一。革命战争年代，广东英雄人物辈出，其中陈延年、张太雷、邓中夏、蔡和森、张文彬等人为中国革命献出了宝贵生命；彭湃烧毁自家田契，领导了海陆丰农民运动，为人民利益奋斗终身；杨殷卖掉自己广州、香港的几处房产，为革命事业筹集经费，最后用生命捍卫信仰……这些铮铮铁骨的共产党人用生命为民族纾困，为国家分忧。总之，广东党组织在南粤大地高举革命旗帜28年而不倒，坚持武装斗争23年而不断，为中国新民主主义革命的胜利作出了巨大的贡献，从而为现代化事业发展准备了根本条件。

新中国成立后，广东砥砺前行，开始了探索建设社会主义现代化的伟大实践。在"四个现代化"宏伟目标的指引下，中共广东省委带领广东人民以"敢教日月换新天"的勇气和斗志，发展地方工业，完成社会主义改造，建立起社会主义基本制度，拉开大规模社会主义建设的序幕。此后，广东又在国家投资支援极少的情况下，自力更生建立了比较完整的工业体系和国民经济体系。这一时期，全省兴建了茂名石油工业公司、广州化工厂、湛江化工厂、广州钢铁厂以及流溪河水电站、新丰江水电站等骨干企业，改组、合并和新建了200多家机械工业企业，工农业生产能力明显增强。这一时期，广东社会主义现代化建设事业经过长期而艰苦的实践探索，在农业、工业、科学技术等方面取得了一系列突出成就，为推进社会主义现代化奠定了坚实的物质基础。

党的十一届三中全会以来，广东充分利用中央赋予的特殊政策和灵活措施，在改革开放中先行一步，走出了一条富有广东特色的现代化发展路径。广东大胆地闯、大胆地试，以"敢为天下先"的历史担当和"杀出一条血路"的革命精神，带领全省人民解放思想，在改革开放探索中先行一步。"改革开放第一炮"作为"冲破思想禁锢的第一声春雷"响彻深圳蛇口上空，"时间就是金钱，效率就是生命"的口号传遍祖国大地。在推进经济特区建设、经济体制改革，发展外向型经济，率先建立社会主义市场经济体制的过程中，广东以改革精神破冰开局，实现了第一家外资企业、第一个出口加工区、第一张股票、第一批农民工、第一家涉外酒店、第一个商品房小区等多个"第一"；探索出"前店后厂""三来一补""外向带动""腾笼换鸟、造林引凤""粤港澳合作"等诸多创新之路。相关数据显示，至2012年，城乡居民人均可支配收入分别为30226.71元和10542.84元；城镇化水平达67.4%，人均预期寿命提高到76.49岁，高等教育毛入学率超过32%。作为改革开放的先行地，广东还贡献了现代化的创新理念、思路和实践经验。"珠江模式""深圳速度""东莞经验"等在全国产生了巨大影响，为探索中国特色社会主义现代化道路贡献了实践模板。总之，改革开放风云激荡，南粤大地生机勃勃，广东人民生活已经实现从温饱到总体达到小康再到逐步富裕的历史性跨越，为基本实现现代化打下了良好的基础。

党的十八大以来，中国特色社会主义进入新时代。习近平总书记对广东全面深化改革、全面扩大开放、深入推进现代化事业高度重视，先后在改革开放40周年、经济特区建立40周年、改革开放45周年等重要节点到广东视察，寄望广东"继续在改革开放中发挥窗口作用、试验作用、排头兵作用"，勉励广东"继续全面深化改革、全面扩大开放，努力创造出令世界刮目相看的新的更大奇迹"，要求广东"以更大魄力、在更高起点上推进改革开放"，嘱托广东在新征程上要"在全面深化改革、扩大高水平对外开放、提升科技自立自强能力、建设现代化产业体系、促进城乡区域协调发展等方面继续走在全国前列，在推进中国式现代化建设中走在前列"，这为广东推动改革开放和社会主义现代化向更深层次挺进、更广阔领域迈进指明了方向。在以习近平同志为核心的党中央的亲切关怀和坚强领导下，广东高举习近平新时代中国特色社会主义思想伟大旗帜，坚持改革不停顿、开放不止步，进一步解放思想、改革创新，进一步真抓实干、奋发进取，不断开创广东现代化建设新局面。广东立定时代潮头，坚持改革开放再出发，勇当中国式现代化的领跑者。广东以习近平总书记对广东的重要讲话和重要指示批示精神统揽工作全局，加强对中央顶层设计的创造性落实，不断围绕服务国家重大战略贡献长板、担好角色，以全面深化改革为鲜明导向，纵深推进粤港澳大湾区、深圳先行示范区建设，推动横琴、前海、南沙三大平台稳健起步，实现了经济平稳较好发展和社会和谐稳定，确保经济、政治、文化、社会、生态文明建设"五位一体"统筹推进，在经济高质量发展、文化强省建设、法治广东建设、生态文明建设以及民生事业发展等方面取得具有历史意义的新成就。2023年广东GDP达到13.57万亿元，经济总量连续35年全国第一，区域创新综合能力连续7年全国第一，规上工业企业超7.1万家，高新技术企业超过7.5万家，19家广东企业进入世界500强，超万亿元、超千亿元级产业集群分别达到8个和10个，"深圳—香港—广州"科技集群位居全球前列，建成国际一流的机场、港口、公路及营商环境，新质生产力发展势头良好，这为广东在推进中国式现代化建设中走在前列奠定了坚实的物质基础。

中国式现代化前途光明，任重道远。广东是东部发达省份、经济大省，以占全国不到2%的面积创造了10.7%的经济总量，在中国式现代化建设的大局中地位重要、作用突出，完全能够在现代化建设、高质量发展上继续走在全国前列。

促发展争在朝夕，抓落实重在实干。为了更好落实"在推进中国式现代化建设中走在前列"这一习近平总书记对广东的深切勉励、殷切期望和战略指引，2023年6月20日，中共广东省委十三届三次全会作出"锚定一个目标，激活三大动力，奋力实现十大新突破"的"1310"具体部署。这是紧跟习近平总书记、奋进新征程的坚定态度和郑重宣示，是把握大局、顺应规律、立足实际的科学布局，是推进中国式现代化的广东实践的施工图、任务书。时间不等人、机遇不等人、发展不等人。唯有大力弘扬"闯"的精神、"创"的劲头、"干"的作风，一锤一锤接着敲、一件一件钉实钉牢，才能把蓝图变为现实，推动广东在推进中国式现代化建设中走在前列。

岭南春来早，奋进正当时。2024年2月18日是农历新春第一个工作日，继去年"新春第一会"之后，广东再度召开全省高质量发展大会，这次大会强调"接过历史的接力棒，建设一个现代化的新广东，习近平总书记、党中央寄予厚望，父老乡亲充满期待，我们这代人要有再创奇迹、再写辉煌的志气和担当，才能不辜负先辈，对得起后人"，吹响了奋力建设一个靠创新进、靠创新强、靠创新胜的现代化新广东的冲锋号角，释放出"追风赶月莫停留、凝心聚力加油干"的鲜明信号。向天空探索、向深海挺进、向微观进军、向虚拟空间拓展，广东以"新"提"质"，以科技改造现有生产力，积极催生新质生产力，不断增强高质量发展的"硬实力"。观大局、抓机遇、行大道，广东作为经济大省、制造业大省，不断筑牢实体经济为本、制造业当家的根基，持续推动高质量发展，必将创造新的伟大奇迹。

2024年7月15日至18日，中国共产党第二十届中央委员会第三次全体会议在北京举行。党的二十届三中全会是在新时代新征程上，中国共产党坚定不移高举改革开放旗帜，紧紧围绕推进中国式现代化进一步全面深化改革而召开的一次十分重要的会议。全会审议通过的《中共中央关于进一步全面深化改革、推进中国式现代化的决定》，深入分析推进中国式现代化面临的新情况新问题，对进一步全面深化改革作出系统谋划和部署，既是党的十八届三中全会以来全面深化改革的实践续篇，也是新征程推进中国式现代化的时代新篇，擘画了进一步全面深化改革的蓝图，发出了向改革广度和深度进军的号令。广东全省上下要闻令而动，积极响应党中央的号召，全面贯彻落实党的二十届三中全会各项部署，以走在前列的担当进一步全面深化改革，扎实推进中国式现代化的广东实践。要围绕强化规则衔接、机制对接，把粤港澳大湾区建设作为全面深化改革的大机遇、大文章抓紧做实，携手港澳加快推进各领域联通、贯通、融通，持续完善高水平对外开放体制机制，依托深圳综合改革试点和横琴、前海、南沙、河套等重大平台开展先行先试、强化改革探索，努力创造更多新鲜经验，牵引带动全省改革开放向纵深推进。要围绕构建新发展格局、推动高质量发展，进一步深化经济体制改革，着眼处理好政府和市场的关系，加快构建高水平社会主义市场经济体制；着眼发展新质生产力，健全推动经济高质量发展体制机制；着眼补齐最突出短板，健全促进城乡区域协调发展的体制机制，更好激发广东发展的内生动力和创新活力。要围绕推进高水平科技自立自强，加快构建支持全面创新体制机制，深化教育综合改革、科技体制改革、人才发展体制机制改革，打通创新链、产业链、资金链、人才链，着力提升创新体系整体效能。要围绕提升改革的系统性、整体性、协同性，统筹推进民主、法治、文化、民生、生态等各领域改革，确保改革更加凝神聚力、协同高效。要围绕构建新安全格局，扎实推进国家安全体系和能力现代化，全面贯彻总体国家安全观，加强国家安全体系建设，完善公共安全治理机制，持续加强和创新社会治理，切实保障社会大局平安稳定。要围绕提高对进一步全面深化改革、推进中国式现代化的领导水平，切实加强党的全面领导和党的建设，始终坚持党中央对全面深化改革的集中统一领导，深化党的建设制度改革，健全完善改革推进落实机制，充分调动广大党员干部抓改革、促发展的积极性、主动性、创造性，以钉钉子精神把各项改革任务落到实处。

站在新的历史起点上，回望我们党领导人民夺取革命、建设、改革伟大胜利的光辉历程和广东取得的举世瞩目的发展成就，眺望强国建设、民族复兴的光明前景和广东现代化建设的美好未来，我们更加深刻感到，改革开放必须坚定不移，广东靠改革开放走到今天，还要靠改革开放赢得未来；更加深刻感到，改革开放需要群策群力，进一步全面深化改革，每个人都不是局外人旁观者，都是参与者贡献者；更加深刻感到，改革开放务求真抓实干，中国式现代化是干出来的，伟大事业都成于实干。岭南处处是春天，一年四季好干活。全省上下要从此刻开始，从现在出发，拿出早出工、多下田、干累活的工作热情，主动投身到进一步全面深化改革的宏伟事业中来，以走在前列的闯劲干劲拼劲，推动改革开放事业不断取得新进展新突破，推动高质量发展道路越走越宽，让创新创造社会财富的活力竞相迸发、源泉充分涌流，奋力建设好现代化新广东，切实推动广东在推进中国式现代化建设中走在前列，为强国建设、民族复兴作出新的更大贡献！

在中华人民共和国成立75周年、中山大学建校100周年之际，中山大学中共党史党建研究院组织专家撰写的《奋力建设现代化新广东研究丛书》的出版，具有重要的政治意义和纪念意义。同时，这套丛书也是国家社科基金重大招标项目《中国共产党百年奋斗中坚持敢于斗争经验研究》（项目号：22ZDA015）的阶段性成果，丛书的出版也有一定的学术意义。

希望这套丛书在深化对党的二十大精神和习近平总书记视察广东重要讲话、重要指示精神如何在岭南大地落地生根、结出丰硕成果的研究阐释方面立新功，在深化对广东推进中国式现代化的创新举措和发展经验研究方面谋新篇，在推动中山大学围绕中央和地方经济社会发展需要开展对策研究和前瞻性战略研究方面探新路。

是为序。

中山大学中共党史党建研究院

2024年8月

目
CONTENTS
录

1 第一章
教育、科技、人才的国家战略与广东部署

2 第二章

砥砺奋进，广东开创教育强省新局面

3 第三章
坚持教育优先发展，加快推进广东省教育现代化

4 第四章
阔步笃行，广东科技强省迈上新台阶

5 第五章

坚持科技自立自强，建设更高水平科技创新强省

第六章

奋楫扬帆，广东开辟人才强省新篇章

7

第七章

坚持人才引领驱动，建设世界高水平人才创新高地

第八章
以教育、科技、人才一体化发展支撑广东现代化建设

第一章

教育、科技、人才的国家战略
与广东部署

关于教育、科技、人才对于全面建设社会主义现代化国家与民族崛起的重要性，党的二十大报告中有明确的主张，即"基础性、战略性支撑"。这一重要论断简释了新时代中国实施科教兴国战略、强化现代化建设人才支撑的重大战略意义，明确了建设教育强国、科技强国、人才强国的出发点。

2023年6月20日，广州召开了中国共产党广东省等十三届委员会第三次全体会议，这是在全省上下深入学习贯彻习近平总书记视察广东重要讲话、重要指示精神的关键时期召开的一次重要会议，对进一步坚定不移沿着习近平总书记指引的方向奋力开创广东现代化建设新局面具有重大而深远的意义。会议提出"锚定一个目标，激活三大动力，奋力实现十大新突破"的"1310"部署。广东省肩负国家使命，其中，推进广东教育强省、科技创新强省、人才强省建设是落实二十大报告的战略部署、实现高水平科技自立自强的必然选择，也是广东省在新时代走在前列不断力争有为的突破目标。

▼ 一 教育、科技、人才战略："中国式现代化"的应有之义

党的二十大报告提出"实施科教兴国战略，强化现代化人才支撑"，科教兴国在中国全面建设现代文明国家的新时代进程中的使命任务，正是体现于这一国家战略层面的重大举措。教育、科技、人才不再是各自独立的领域与工作，而是被作为"三位一体"进行一体化部署与统筹安排，这

种系统谋划，将使三者共同服务于建设创新型国家的目标。教育是基础，科技是关键，人才是根本。二十大报告将教育、科技、人才的系统协调发展视作社会主义现代化强国的"支撑"这一高度，是党对中国式现代化规律性的认识，具有重大现实价值与深远的国家战略考虑。切实落实科教兴国战略，不仅需要把握好三者之间的内在联系与各自特点，又需立足于全局高度，注重三者的系统集成、协同配合，共同塑造与推进高质量发展的新优势、新动能。

实现"经济实力、科技实力、综合国力大幅跃升"和"实现高水平科技自立自强，进入创新型国家前列"是二十大报告明确提出的到2035年中国发展的总体目标。二十大报告指出："从现在起，中国共产党的中心任务就是团结带领全国各族人民全面建成社会主义现代化强国、实现第二个百年奋斗目标，以中国式现代化全面推进中华民族伟大复兴。"

建设中国式现代化国家是党和政府从1949年以来尤其是改革开放以来长期实践、努力探索的基础上把握世界发展趋势，不断回应各种内外部挑战而形成的科学、正确的道路。从教育、科技、人才"三位一体"的视角来看，中国式现代化的应有之义有三大基本特征，即坚持教育优先发展、科技自立自强、人才引领驱动。

1. "中国式现代化"必然实现高质量教育发展

十年树木，百年树人，但一万年太久，只争朝夕，如何促进教育的高质量发展已经成为中国建设现代化国家进程中更加紧迫的问题。二十大报告充分地肯定了教育在国家发展中的战略地位，其中第五部分对"实施科教兴国战略，强化现代化建设人才支撑"进行了全面系统的阐述。这一部分放置于"加快构建新发展格局，着力推动高质量发展"部分之后，位置突出，极具战略意义，影响必将深远。这充分体现了党与国家政府对教育的重视程度前所未有，也表明党对教育、科技、人才与中国式现代化发展的关联关系认识更加全面、把握更加精准。

中国式现代化之本质要求即实现高质量发展，高质量人力资源的输送有赖于高质量的教育供给这一前置环节，而教育的高质量发展无疑是构建我国新发展格局的基础条件，也在国计民生中发挥着先导性、基础性与全局性作用，因而完善高质量教育体系、推动教育的高质量发展是推进中国式现代化的重要任务。教育发展必须充分体现与落实教育优先发展的时代性要求，办好人民满意的教育，依靠人民办好教育，顺应民众期待，增进民生福祉。在建设现代化强国的进程中，要以习近平新时代中国特色社会主义思想为指引，深刻理解与领悟教育对党与国家现代化事业发展的基础性先导性作用，牢牢把握为党育人、为国育才的教育目标，树立正确的人才观与教育观，坚持德才兼备、以德为先，全面提高人才自主培养质量，落实立德树人根本任务，为社会主义现代化强国建设与中华民族伟大复兴培养德才兼备的高素质人才。

十八大以来中国特色社会主义进入新时代，在应对世界百年未有之大变局的战略部署中，以习近平同志为核心的党中央统筹中华民族伟大复兴战略全局，统筹推进"五位一体"总体布局，协调推进"四个全面"战略布局，团结带领全党全国各族人民攻坚克难，党和国家事业取得历史性成就、发生历史性变革，教育、科技、人才事业在其中发挥着事关全局的重要作用。

10年来，我国教育发展成绩令人瞩目，教育普及水平实现历史性跨越，建成全球规模最大的教育体系，稳居世界同期中上等收入国家行列，职高等院校与职业院校每年输送以千万计数的专业技术人才及后备人力，继续教育培训从业人员上亿人次，研发经费排名全球前列，研发人员总量居世界首位，在基础研究与原创研究不断加强的同时，关键核心技术不断实现重大突破，可以说中国在向创新型国家不断迈进甚至已经成为其中的重要一员。

教育、科技、人才事业对推进中国式现代化发展的卓越贡献，已载入实现第一个百年奋斗目标的光荣史册，在全面建设社会主义现代化国家、朝着实现第二个百年奋斗目标奋进的新征程上，教育、科技、人才事业如何更好地继续发挥基础性、战略性支撑作用是最终扎实全面地实现中国式现代化成功的必然要求。

2. "中国式现代化"必然实现高水平科技创新

科技竞争是现代全球世界各国竞争的焦点与核心问题，以大数据、人工智能、区块链、云计算为标志的高新科技在这一轮科技革命中承担着更加关键的重要角色，日益重塑与改写人们的生活方式、生产方式与交往方式，高科技领域的竞争已经成为全球国家竞争的关键与核心问题。科技竞争代表着一国综合实力竞争的比较优势。中国能否争取与长久占据科技优势决定了中国能否占领先进生产力的制高点，获得相对有利的持续发展条件。

在现代化建设道路上，我国必须攻克科技创新能力中的短板。以美国为主的国家围绕以华为、中兴为代表的中国高科技公司所进行的前前后后的打击、制裁、"围剿"、威胁、极限施压、疯狂打压等等，诸般手段、策略与事端层出不穷，令人眼花缭乱，防不胜防。其中固然有对方的敌意与霸道的原因，但究其根本在于中国的高科技依然存在着许多关键核心技术的弱点与要害。

相较于主要发达国家，我们需要正视科技对经济增长的贡献率偏低的问题，这说明科技对中国经济增长的"含金量"尚有较大提升的空间，经济高质量增长的"成色"有待进一步提高。科技对经济与社会发展的引领与促进作用意味着科技需要不断以创新来转换发展动力。放眼世界可以看到，哪个国家拥有更多的拔尖创新人才，它就掌握了国际竞争的制高点；哪个国家能够源源不断地培养和有效使用拔尖创新人才，它就拥有了可持续发展的强劲动能。实现高质量发展靠科技，科技依靠创新，创新依靠人才，人才培养依靠教育。因而，建设现代化国家，补齐制约我国高质量高水平发展的短板，当务之急是培养大批科技创新人才适应中国社会经济发展和全球的需要。

同时，中国的可持续性发展也存在着明显的制度性优势，即中国科技与教育人才的"举国体制"能够集中力量办大事，这也是中国式现代化道路的一大特色。我们从"摸着石头过河"中不断总结经验教训走到今天，不断实现突破，目标日益明确，信心愈加倍增，蓝图愈加清晰，这种中国特色社会主义道路走到今天，中国在制度规划、战略部署、顶层设计与市场引导方面的作用与价值日益突出与完善。我们有信心集聚创新资源，坚决打赢关键核心技术攻坚战。

2023年9月19日，备受外部打压面临生存难题的华为技术有限公司所发布的Mate60 Pro手机极大地振奋与鼓舞了我们的信心。华为加强与科技界的合作，共同突破中国芯片领域的技术难题，成功地研发出麒麟9000S芯片。这不仅是一款手机，更是一场艰难的"科技战"之标志，它代表了中国在科技领域的创造能力、自力更生的力量、中国科技人员的智慧与发展韧性以及反击外部制裁的意志。华为手机是中国科技创新困境及其突破的典型事件，鲜明生动又极为深刻地昭示出中国科技创新的更高更新之境界。

中国式现代化建设将在深化科技体制变革、推动原创性基础性研究，日益提高科技投入效能的过程中不断前进。为此促进产学研的深度融合，增强中国企业界、科技界的自主创新能力，强化企业科技创新的主体地位，实现高水平科技自立自强必然是中国式现代化发展的关键内容。

3. "中国式现代化"必然实现人才高品质发展

中国共产党带领中国人民进行的"中国式现代化"伟大实践，其目标一是实现国家的现代化，二是实现中华民族伟大复兴，"国家现代化"与"民族复兴"是"一体两面"。中国式现代化既有"量"的规定性，亦有"质"的特殊要求。前者而言，指中国社会经济发展状况与发展水平达到世界先进与前沿；后者而言，指符合中国人口规模巨大的具体国情，实现全体人民共同富裕的社会主义中国之自身特性。

高质量发展是中国全面建设社会主义现代化国家的重要任务，而高品质人才是实现高质量发展、推进中国式现代化的实践主体。"人口规模巨大"是中国式现代化的一个特点，人民作为现代化实践主体，只有提高人才资源品质，才能将巨大的人口规模转化为巨大的人力资源或资本，只有提高人力资源品质，才能激发出巨大的创新动力，千帆竞技、文武争驰、百花齐放，中国特色社会主义事业才会后继有人，高品质人才资源将汇聚成为巨大的社会发展推动力与创造力，不断将中国式现代化前进推向更高阶段与水准。

一方面，中国式现代化与高质量发展不仅重视物质财富的生产，而且更加重视以人民为中心的价值体系的可持续发展。坚持以人民为中心的发展思想与"创新、协调、绿色、开放、共享"的新发展理念，同样也是人才选拔、培养、使用的最终目标。其逻辑超越了"物"的创造生产而关注人的全面自由发展。如若离开了促进人的全面发展与关注民生福祉的发展初心，单纯为了发展而发展，促进高质量发展也将变味为资本增殖模式的新话术。对于社会主义国家的中国而言其价值何在？因此，促进人的全面发展和成长是推动高质量发展中必须坚持的人文底色与人文关怀，在高质量发展中增进民生福祉，不断增强人民的幸福感、获得感。

另一方面，中国建立起比较完善与发达的国内市场体系，而巨大的人口规模构成了国内市场巨大的内需潜力，对我国供给侧结构性改革的支撑作用也是巨大的。因此，立足于新发展阶段，贯彻新发展理念，着力构建新发展格局，能够实现更高效率，更高质量，更加公平、安全、可持续的发展。人民促进发展，人才促进发展，特别是不断培养造就出大批高品质创新型人才则能够将巨大的人口规模转化为人口红利、人才红利，实现创新发展与人才培养的良性互动。

综上，我国社会主义现代化建设始终将教育、科技、人才事业放置于国家建设极其重要的地位。改革开放以来特别是党的十八大以来，坚持科技是第一生产力、人才是第一资源、创新是第一动力，深入实施科教兴国战略、人才强国战略、创新驱动发展战略。党的十九大报告确定在全面建成小康社会的基础上，分两步走在本世纪中叶把我国建成富强民主文明和谐美丽的社会主义现代化强国目标，并对教育强国、科技强国、人才强国建设作出相应战略部署。党的二十大报告将"建成教育强国、科技强国、人才强国"纳入2035年我国发展的总体目标，二十大报告强调要进一步加强党对教育、科技、人才工作的全面领导，"加快建设教育强国、科技强国、人才强国"。根据这一重大战略指引，教育强国、科技强国、人才强国建设及其他强国建设协调推进，必将为全面建成社会主义现代化强国奠定更为坚实的基础。

面临百年变局的"风高浪急"甚至是"惊涛骇浪"，我国发展风险与挑战并存，为此，中国社会主义现代化国家建设必须"开辟发展新领域新赛道，不断塑造发展新动能新优势"的大局，强调要全面深入实施"坚持教育优先发展、科技自立自强、人才引领驱动"的重大战略。总体上看，教育优先发展，重在夯实人力资源的深度开发基础；科技自立自强，重在坚持独立自主、开拓创新；人才引领驱动，重在巩固发展优势，赢得竞争主动。三者各有侧重并相互融合，需系统筹谋、协同前行，主动适应全面贯彻新发展理念、构建新发展格局、推动高质量发展的需要，更好汇聚力量，充分发挥教育、科技、人才的基础性、战略性支撑作用，为以中国式现代化全面推进中华民族伟大复兴提供强大人才支撑和知识创新贡献。

▼二 教育、科技、人才战略的逻辑关系

教育是根本、科技是关键、人才是支撑，这是全面建设社会主义现代化国家、实现高质量发展的核心密码，这已为党的十八大以来的历史成就与发展实践所证明，并展示出中国式现代化前进道路上三者的协同作用。党的二十大报告指出："从现在起，中国共产党的中心任务就是团结带领全国各族人民全面建成社会主义现代化强国、实现第二个百年奋斗目标，以中国式现代化全面推进中华民族伟大复兴。"同时强调"教育、科技、人才是全面建设社会主义现代化国家的基础性、战略性支撑"。遵循中国共产党在治国理政中形成的对"科技是第一生产力""人才是第一资源""创新是第一动力"的规律性研判，立足全面建设社会主义现代化国家的战略部署，这一论断将教育、科技、人才共同提升到全面建设社会主义现代化国家之"支撑"的高度，深刻揭示了三者之间辩证统一、相伴相生、同向互促的关系，并以"基础性、战略性"标识了三者在社会主义现代化建设全局中的重要意义。

依据教育内外部关系规律，教育、科技、人才战略三者的内在逻辑表现出几个方面的特征。其一，从教育的外部关系角度，教育必须与社会发展相适应。这要求在新时代教育要与中国式现代化发展道路相适应，处

理好教育与社会经济结构、经济体制尤其是与科技之间的关系，这必然要求教育与科技能够紧密结合，实现协同耦合、功能联动。其二，从教育的内部关系角度，实现人的自由、全面发展是教育的终极目标，这要求必须依据人才培养规律开展教育活动。人才的培养、选拔、使用、发展等环节决定了现代意义上的教育是一个终身教育过程，也是社会意义上的教育实践。其三，从教育内外部关系角度，必须处理好教育与科技及社会发展、人才培养之间的关系，教育与社会发展相适应这一外部关系首先要通过教育培养人才这一内部关系而发挥作用，这要求为推进中国式现代化，教育必须自主培养德智体美劳全面发展的各类高质量人才，以适应新时代社会经济发展所需，准确把握三者之间的内在逻辑。

1. 发挥科技自立自强在中国式现代化建设中的先导性作用

以科技推动创新、以人才发展科技，大力实施创新驱动发展战略是新时代党中央采取的治理方略。习近平总书记指出："我国经济社会发展比过去任何时候都更加需要科学技术解决方案，更加需要增强创新这个第一动力。"创新是民族进步之魂，科技是国家强盛之基，抓发展与抓创新是同时之事，这体现出面对挑战时党中央领导集体的科学决策与清醒判断。推进科技体制改革，打赢关键核心技术攻坚战，通过教育与人才力量强化国家战略科技力量，构建稳定的科研人才支持体系，形成全面创新的制度基础，更好地发挥科学研究的新型举国体制作用，提升国家创新体系的整体效能，这一切均要求必须以国家战略发展需求为导向，坚持经济领域改革与科技体制改革同向前进，同时发力，实现高水平科技自立自强。

近十年，我国科技进步对社会发展的贡献率不断增强，科技事业实现新的跨越。自主研发建造的10万吨级深水半潜式生产储油平台"深海一号"正式投产，首个国产大飞机C919试飞成功，"神威·太湖之光"超级计算机首次实现千万核并行第一性原理计算模拟，具有完全自主知识产权的高速磁浮交通系统正式下线，港珠澳大桥正式通车，"华龙一号"自主三代核电机组投入商业运行；"天和"核心舱构筑空间站，"天问一号"火星探测器着陆，"嫦娥探月"圆满成功，北斗导航、天眼探空、载人深潜等领域取得重大进步；超超临界燃煤发电、掘进装备、特高压输变电、高速铁路、杂交水稻等跻身世界前列。

从中国式现代化进程持续健康发展与国家社会长治久安的战略角度出发，作为科技创新领域全局性、纲领性政策部署，《国家创新驱动发展战略纲要》指导着教育、科技、人才、创新全面协同发展，为中国社会整体的创新奠定基础，以制度创新带动教育、科技、人才机制创新，研究三者合一的政策支撑体系。而创新是其中的落脚点、出发点与结合点，特别是以科技创新为核心带动全面体制与发展创新，推动科技与教育模式、人才培育使用模式创新，转变社会经济发展方式，优化经济结构，转换经济增长动力，通过现代高科技与数字科技发展而不断推动商业模式与管理创新，从而与中国式现代化强国战略深度契合。教育体系需不断深化基础研究与原始创新，相应的人才培养以应用研究带动基础研究，推进关键核心技术攻关，加强对跨部门、跨领域、跨学科的新型基础设施建设，解决制约中国现代化道路发展的"卡脖子"工程与问题。

2. 重视教育发展在中国式现代化建设中的基础性与先导性作用

全面提高人才自主培养质量、着力培养造就拔尖创新人才是发挥教育支撑作用、建设现代化国家的具体要求。全面建成社会主义现代化强国需要科技自立自强作支撑，而科技的背后是人才，人才的培养则需要依靠强大的高素质教育体系和科技创新事业。党的二十大报告强调坚持教育优先发展，举国上下对科教兴国战略达成前所未有的共识，对教育与科技协同作用的认识日益一致。

中国教育事业在促进中国科技持续发展的同时也进入新阶段，为现代化建设提供了人才支撑和智力保障。据欧洲工商管理学院发布的《全球人才竞争力指数报告》的数据，2021年在全球人才竞争力指数中，中国排名第37位；据世界知识产权组织（WIPO）统计数据，中国在全球创新指数排名中从2012年的第34位上升至2022年的第11位，在迈进创新型国家行列中，中国已榜上有名，并且是跻身前15位的唯一发展中国家，在知识与技术产出、商业成熟度、创意产出等多个指标排名中位居全球前列。

在国家崛起的新时代进程中，教育在不断强化优化自身结构的同时，与社会与科技发展的深度互动关联，意味着教育在引领社会整体前进方面发挥着更加重要的关键性作用，而党与国家对教育也提出了更高的标准与要求。通过对党与国家相关部委官网的信息检索可以发现，自十八大以来，中央及部委先后出台了一系列关于如何推动教育、科技、人才与创新的联动发展的政策性文件，其中具有国家级代表性的文件有52份（见表1-1），这些高层级文件均侧重于教育、科技、人才与创新的联动发展，这充分说明了党和政府在统筹布局、建设现代化国家方面的政策逻辑，即推动国家整体性的教育、科技、人才的一体化体系，服务与推进中国式现代化。

表1-1　国家层面有关教育、科技和人才的 52 份相关政策文件

划分维度	具体层面	发布部门	文件份数	合计
主题维度	以"规划"为主要内容	中共中央和国务院单独或联合印发	4	5
		部委印发	1	
	以"深化体制改革"为主要内容	中央层面印发	8	22
		部委印发	14	

（续表）

划分维度	具体层面	发布部门	文件份数	合计
主题维度	以"人才培养、人才流动"为主要内容	中央层面印发	3	10
		部委印发	7	
	以"人才评价、科技成果评价转化"为主要内容	中央层面印发	3	7
		部委印发	4	
	以"推动产业和区域"为主要内容	中央层面印发	4	8
		部委印发	4	
层级维度	中央层面	中共中央、国务院单独或联合印发	10	22
		中共中央办公厅、国务院办公厅单独或联合印发	12	
	部委层面	教育部	2	30
		科技部	4	
		教育部或科技部联合其他部委印发	24	
时间与层级维度	十八大到十九大期间	中共中央、国务院单独或联合印发	10	19
		中共中央办公厅、国务院办公厅单独或联合印发	3	
		部委印发	6	
	十九大至今	中共中央办公厅、国务院办公厅单独或联合印发	9	33
		部委印发	24	

可以发现，关于教育领域的政策性文件通常是由中共中央、国务院或中共中央办公厅、国务院办公厅单独或联合印发，其推进措施与政策覆盖面力度之大不言而喻，这体现了党和政府对教育、科技、人才与创新的期待。科技发展、人才培养、创新型国家的建设无一不需要教育的支撑，教育处于基础性、先导性地位。现代化国家发展离不开创新，而创新需要科技，科技需要人才，人才则需要由教育来培养与塑造。邓小平同志在1983年10月1日提出教育的"三个面向"，即"教育要面向现代化、面向世

界、面向未来"，中国在建设现代化国家的进程中，始终重视人才，求贤若渴，而在当代中国持续崛起实现复兴的现实条件下，更需要发挥教育在培育各类基础和高端性科技人才方面的主体性作用，不断地生产和创新科技知识，发挥其在创新与应用新科技技术与知识方面的承载性作用，加快高质量教育体系与终身教育的建设，推动中国成为成熟的创新型与学术型大国。

教育与科技相互"赋能"，二者的协同联动更具重要性。一方面，现代教育尤其是高等教育为高科技发展提供了智力与平台支持，是提高社会科技整体能力的条件与基础，"双一流"高等院校承担着科技创新与攻克"卡脖子"技术的重要职能。另一方面，新科技的发展创新也赋能教育，推进教育自身的发展。因而，教育、科技、人才与创新需要统筹规划、系统发展，必须强化科教融合、产教融合，全面提高我国人才自主培养质量，与社会发展需要相适应，造就一大批拔尖创新人才。

坚持办好人民满意的教育、坚持教育优先发展是党和政府的一项基本国策，实现教育公平是实现社会公平、实现人的全面发展的重要基础，它关乎亿万民众的切身利益，但教育本身有它的规律性与长期性，这更加需要全民坚定信心、明确目标。对教育的重视是一个长期践行的理念，要通过经济社会发展和教育自身变革来实现高质量的教育公平，同时也需要完善教育管理制度，以实现更高水平的社会公平。

3. 促进人才在中国式现代化建设中的主体性作用

人才是衡量一个国家综合国力的重要指标。人才是自主创新的关键，顶尖人才具有不可替代性。国家发展靠人才，民族振兴靠人才。在2021年9月27日北京召开的中央人才工作会议上，习近平总书记发言指出，深入实施新时代人才强国战略，全方位培养、引进、用好人才，加快建设世界重要人才中心和创新高地，为2035年基本实现社会主义现代化提供人才支撑，为2050年全面建成社会主义现代化强国打好人才基础。

人才队伍建设与教育、科技、经济、创新等领域的一体化发展密不可分。纵观人类发展史可以发现，人才与科技并非均匀分布于各个地理空间，一个地区或一国的发展相当程度上取决于人才资源的丰富与否。那些文明程度更高、科技更活跃的地方往往人才汇聚，能够产生更多带动文明发展的科技创新成果。在大国崛起的历史中，自16世纪始，意、英、法、德、美等五国先后成为科学与人才汇集中心，不仅推动本国成为当时世界最先进、最发达、综合实力最高的国家，而且也在相当程度上引领着世界文明发展的轨迹。优秀人才间的合作、竞争与相互激励的集聚现象产生出"井喷式"的辐射与带动力量，让科技创新相互激荡且相互启发，可以说，国际与地区竞争的实质即是人才的竞争。

人才是创新的根基，没有人才优势，就不可能有创新优势、科技优势、产业优势、经济优势，谁拥有一流的创新人才，谁就拥有了科技创新的优势和主导权。当下，世界正在经历着百年未有之大变局，科技从未如今天这般深刻地影响着国家的前途命运、人民的生活福祉。世界新一轮科技革命与产业变革迅猛发展，一日千里，而中国的持续崛起既面临难得的历史机遇，亦面临严峻挑战。在这样一个新征程上，民族复兴的伟大事业呼唤人才，而伟大的时代亦造就人才。

创新活动中最积极最活跃的因素即是人才，特别是代表时代性、创新性、专业性、国际性的科技人才。"创新之道，唯在得人。"创新人才的涌现是科学技术实现创新与突破性发展的基础，创新驱动实质上就是人才驱动，人才是第一资源，是创新的根基与核心要求，也是衡量一个国家综合国力的重要指标。习近平总书记在2018年两院院士大会上强调："世上一切事物中人是最可宝贵的，一切创新成果都是人做出来的。硬实力、软实力，归根到底要靠人才实力。"

党的二十大报告进一步明确了到2035年我国进入创新型国家前列、建成人才强国的战略目标。立足新发展阶段、贯彻新发展理念、构建新发展格局、推动高质量发展，都必须将人才资源开发培育放在最优先地位，大力建设战略人才力量，夯实创新发展的人才基础。培养大批优秀人才，以"加快建设世界重要人才中心和创新高地"①。

据中国网引用中国科学技术部官方数据，2022年我国人才资源总量达到2.2亿人；我国全球高被引科学家人数1169人，占全球的16.2%；我国全社会研发投入总量达3.08万亿元，居世界第二位；专业技术人才增长到7839.8万人。与人才的大规模涌现相对应的是，我国全球创新指数排名由2012年的第34位上升到2022年的第11位。这些数据充分说明了科技创新与人才队伍之间的内在联系。现在，我国正处于政治稳定、经济繁荣、创新活跃的时期，为加快建设世界重要人才中心和创新高地创造了有利条件。在实现中国梦的关键进程上，人才对我国发展的支撑作用前所未有，中国正在成为创新人才高度集聚、创新要素高度整合、创新活动高度活跃的人才沃土。

人才引领驱动，与教育理念、教育制度、教育实践息息相关，"我国拥有世界上规模最大的高等教育体系，有各项事业发展的广阔舞台，完全能够源源不断培养造就大批优秀人才，完全能够培养出大师。"②教育需要坚持"面向世界科技前沿、面向经济主战场、面向国家重大需求、面向人民生命健康"③。自主培养和造就创新拔尖人才是我国实现科技自立自

---

① 《习近平经济思想学习纲要》，人民出版社、学习出版社2022年版，第113页。
② 《习近平在中央人才工作会议上的讲话（2021年9月27日）》，新华网2021年9月27日。
③ 《中华人民共和国国民经济和社会发展第十四个五年规划和2035年远景目标纲要》，中国政府网2021年3月13日。

强的关键一环，为此必须推动教育体系的纵深发展，加强基础教育与高等教育协同育人机制，强化校企合作与系统增益，推进终身教育的实践，发挥市场在人才资源配置中的决定性作用。同时，作为社会主义国家的教育体系，需要加强政府的宏观引导以推进人才培养精准对接科技需要与产业发展需求，从而形成具有国际竞争力的中国特色人才培养体系，增强拔尖创新人才选拔和培养的有效性与针对性，推动中国加快建设成为世界重要人才中心和创新高地。

党的二十大报告强调，"坚持教育优先发展、科技自立自强、人才引领驱动，加快建设教育强国、科技强国、人才强国，坚持为党育人、为国育才，全面提高人才自主培养质量，着力造就拔尖创新人才，聚天下英才而用之"。这是科教兴国战略、人才强国战略、创新驱动发展战略在新时代相互促进、相互依托的具体要求，体现了教育、科技、人才对于中国创新发展的重要支撑作用。

第二章

砥砺奋进，广东开创教育强省
新局面

教育现代化是社会现代化的重要组成部分和战略基础，是教育高质量发展状态的重要表征。《国家中长期教育改革和发展规划纲要（2010—2020年）》提出，"到2020年，基本实现教育现代化，基本形成学习型社会，进入人力资源强国行列"的战略目标。党的二十大报告明确指出，教育是国之大计、党之大计，必须坚持教育优先发展，办好人民满意的教育。《中国教育现代化2035》作为我国首个以教育现代化为主题的中长期战略规划，全面擘画了我国教育现代化未来发展的宏伟蓝图。

新时代以来，广东省委、省政府高度重视教育事业的改革和发展，在深入贯彻落实党中央和国家教育发展战略的基础上，积极探索教育创新改革模式，印发实施《广东省教育现代化2035》，努力打造南方教育高地，加快推进教育现代化进程，开创教育强省新局面。

 一　各级各类教育加快发展

党的十八大以来，广东省各级各类教育围绕中国特色社会主义教育强国总体目标，结合自身功能定位改革创新，各级各类教育改革取得显著成效，先后制定和颁布了一系列政策规划文件，完成了各项既定的主要目标任务。全省教育发展总量位居全国前列，各级各类教育毛入学（园）率保持高位增长，实现高等教育普及化；各级各类教育质量稳步提升，全省教育优质资源不断扩大，职业教育进入全国第一方阵，高等教育走在全国前列，服务支撑能力不断增强。回顾广东省各级各类教育事业的改革历程，总结广东省各级各类教育取得的主要经验，对于推动广东教育现代化，建设具有广东特色的教育事业有着十分重要的意义。

1. 学前教育

习近平总书记在党的二十大报告中指出："深入贯彻以人民为中心的发展思想，在幼有所育、学有所教、劳有所得、病有所医、老有所养、住有所居、弱有所扶上持续用力，人民生活全方位改善。""幼有所育、学有所教"的发展目标是党和政府基于改革开放的历史经验以及全面建设社会主义现代化国家新征程提出的，表明党和政府对于学前教育事业的重视和期盼。过去，受市场经济体制变化的影响，学前教育过度社会化，全国幼儿园数量下滑，"入园难，入园贵"成为严峻的民生问题。针对这一难题，国家先后出台《国家中长期教育改革和发展规划纲要（2010—2020年）》《国务院关于当前发展学前教育的若干意见》等政策文件，着力解决学前教育"入园难"问题，同时更加注重学前教育事业的科学发展。

广东省基于国家政策背景、本省学前教育实际发展状况，先后出台《广东省教育厅关于规范化城市幼儿园的办园标准（试行）》《广东省教育厅关于规范化乡镇中心幼儿园的办园标准（试行）》和《广东省教育厅关于规范化农村幼儿园的办园标准（试行）》政策文件，分区域和层次有针对性地对城市、乡镇、农村提出不同的办园标准。与此同时，广东省颁布并实施了三期三年行动计划以及《广东省"十四五"学前教育发展提升行动计划》，制定确认了全省范围内学前教育事业的发展目标和具体实施举措，在全省各地的积极贯彻下，学前教育事业获得较快发展，全省学前教育规模、普及普惠水平、师资队伍力量逐渐向规范化方向发展。

广东省学前教育改革在扩大教学资源的同时也注重教育质量的提升，

即改革方向从"扩资源、保基本、促规范"转向"提升质量、调整结构、公益普惠"。2015年12月30日，经广东省各地54所幼儿园的试用、反馈和修订，广东省教育厅公布《广东省幼儿园一日活动指引（试行）》（以下简称《指引》），首次对幼儿园一日教学作出详细规范和教学。《指引》从科学保育教学出发，规范了幼儿园的保教活动。对于幼儿园而言，《指引》为新开办及运营困难的幼儿园提供了重要规范指导，也为普通幼儿园提供自查、改革的行动指南；对于政府而言，《指引》是提升学前教育事业质量的有力抓手；对于其他各省而言，基于广东地区幼儿园实际发展状况制定的《指引》，也为学前教育改革发展提供借鉴范例。

2. 义务教育

义务教育一直是广东教育改革和发展的重中之重。1978—2008年，经过一系列教育发展改革重大决策，广东省实现基本普及九年义务教育、基本扫除青壮年文盲的任务，成为全国第一批实现这两个目标的省份之一。2008年至今，尤其是党的十八大以来，广东省坚持深入学习习近平新时代中国特色社会主义思想，贯彻落实党中央、国务院的决策部署，分阶段改革、分级管理，进一步推进义务教育均衡优质标准化发展。截至2023年，广东省共有义务教育阶段学校1.46万所，招生365.1万人，在校生1587.19万人，专任教师95.45万人，九年义务教育巩固率97.25%。[①]

经过多年的义务教育规范化学校建设和基础教育课程改革，广东省初步建立了促进义务教育均衡的政策框架。然而，由于区域发展不平衡、政策落实不到位等原因，义务教育规范化学校建设进度仍不理想，教育资源配置仍不均衡。基于这样的现实情况，2011年，广东省政府发布《义务

---

① 《2023年广东省教育事业发展统计公报》，广东省教育厅网站2024年4月30日。

教育均衡发展备忘录》，进一步明确推进义务教育均衡发展的责任。在改革建设发展过程中，也出现义务教育规范化个别指标与国家相关标准不一致、部分指标未明确等问题。2013年，广东省教育厅制定《广东省义务教育标准化学校标准》，在明确学校硬件指标的同时，突出软件配置标准，在解决上述问题的基础上，更加促进义务教育学校特色发展。2014年，广东省政府发布的《广东省义务教育标准化学校督导评估实施办法和评估方案》进一步规定了标准化学校评鉴的操作细则，规范了标准化学校的认定和验收。

随着教育事业的不断发展，在应试压力与贩卖教育焦虑等因素的影响下，学生之间竞争加剧，学习负担不断加重，这与全人教育理念相悖。2021年7月，中共中央办公厅、国务院办公厅印发《关于进一步减轻义务教育阶段学生作业负担和校外培训负担的意见》，这一政策被人们简称为"双减"政策。广东省坚决贯彻落实党中央、国务院关于"双减"工作的决策部署，把"双减"工作作为重大民生工程，并按照"校外治理、校内提质、多方联动、标本兼治"工作思路，积极行动、不断探索，扎实推进"双减"工作落地落实。在校外治理方面，广东迅速开展校外培训专项治理行动，短时间内检查整顿校外培训机构逾1.57万家（次），实现全覆盖。广州作为全国8个"双减"政策试点城市之一，将重点从校外培训监督整顿转向引导机构将培训的重心放到学生兴趣和素质培养上，积极为学生提供特色化、差异化的教学培训。在校内体制方面，广东省各地学校掀起一场"刀刃向内"的教育教学改革。广东所有义务教育学校均执行了作业公示制度，有效减轻学生课业压力。显眼的地方设置了"年级作业公示栏"，通过定期公示老师给学生布置的作业内容，避免随意布置作业的现象。而在减负基础上，广东通过构建五育并举课程体系，持续提高时政素养、科技素养、人文素养等教育内容的比例，提升课程供给能力，并创新课程的开设形式，为学生搭建更加丰富便捷的学习平台，推动学校课程提质。总的来说，"双减"政策提出以来，广东始终向着教育教学提质增效的"最高境界"发力，为推进"双减"政策更快、更稳、更好落地提出了"广东智慧"。

3. 高中教育

"普及高中阶段教育，努力让每个孩子都能享有公平而有质量的教育。"这是习近平总书记在党的十九大报告中对高中阶段教育提出的期望。广东省在教育改革发展过程中，在普及高中教育的同时，不断推进办学体制改革，注重高中办学条件改善，有效促进高中办学条件现代化、办学规范标准化。

广东省高中教育现代化发展首先表现在教育入学率的提升上。在教育改革整体推进过程中，广东省部分地区将高中教育纳入义务教育体系中，探索将义务教育实践延长为十二年，有效提升高中教育普及率。在办学质量上，广东省对高中教育体制进行改革创新，努力探索民办学校办学新思路，在全国开民办教育崛起之先河，积极探索多渠道办学的新路，陆续办起了一批高标准建设、高质量招聘师资、高水平有特色的民办学校。广东省也积极顺应国家高考改革要求，2016年发布《广东省人民政府关于深化考试招生制度改革的实施意见》，于2021年高考实施新的高考综合改革方案，实行"3+3"的考试模式，本科院校招生不分文理科设置考试科目，实行语文、数学、外语三门统一高考科目和三门高中学业水平考试科目的考试方式。在教育均衡发展上，广东省一直注重欠发达地区教育发展改革，在财政上重点扶持经济欠发达地区发展高中教育，完善经济发达地区对经济欠发达地区教育对口帮扶机制，努力推进教育均衡发展。

4. 职业教育

作为改革开放的前沿阵地，广东省在发展市场经济的同时，由于对产业技术工人的需求增加，因此也在不断发展改革职业教育体系。在广东省"创强争先建高地"战略中，南方职业教育基地建设是重点目标。新时代以来，广东职业教育改革坚持理念先行，以新理念引领新改革，初步构建起了有广东特色、结构合理、高水平、高质量的现代职业教育体系。

2014年，习近平总书记在全国职业教育工作会议上强调："要加大对农村地区、民族地区、贫困地区职业教育支持力度，努力让每个人都有人生出彩的机会。"为贯彻落实习近平总书记关于加快职业教育发展的指示精神，2015年11月，广东省教育厅发布《广东省现代职业教育体系建设规划（2015—2020年）》，确立了广东省现代职业教育体系的基本框架，并在此基础上，结合广东特色，进一步实施现代职业教育体系建设的"五大工程"。

一是职业教育标准体系建设工程。广东在建立现代职业教育标准体系、质量评价体系，实行职业教育年度质量报告等方面进行了积极探索。2012年广东省教育厅在全国率先开展中高职衔接专业教学标准和课程标准研制。2016年，广东省教育研究院已经研制了74个现代职业教育专业的标准，包括中高职衔接项目、高职本科衔接项目、中职—高职—本科衔接项目、国际化标准研制项目等。2011年起，广东以"高等职业院校人才培养工作状态数据采集平台"的数据为主要依据，形成并发布《广东省高等职业教育质量年度报告》，2017年起，广东开始发布《广东省中等职业教育质量年度报告》。

二是职业教育专业课程体系建设工程。广东省职业教育课程的一大亮点是现代学徒制改革。2014年，广东省政府对现代学徒制试点给予财政和政策上的支持，同时推动开展一系列理论研究，扎实有效地推动了现代学徒制改革的落地生根。2014年12月，教育部组织召开全国职业教育现代学徒制试点工作推进会。会上，广东省教育厅介绍了现代学徒制试点改革的经验。

三是职业教育强师工程。高素质高水平的教师队伍是职业教育内涵式发展和质量提升的关键要素，广东省把职业教育强师工程建设的重点放在"能工巧匠进校园""专业教师技能提升""职业院校校长能力提升"等方面，具有很强的针对性。

四是职业教育信息化工程。经过"十二五"期间的信息化工程建设，职业院校的信息化水平得到较好提升，信息化平台体系和数字资源共建共享联盟成为建设重点。与课程体系相衔接，广东省建立了现代学徒制管理平台，加强院校进行线上学籍管理、教学管理等服务。

五是职业教育国际化工程。开放是广东市场经济发展的重要方向，技术技能人才的国际流动是发展过程中不可避免的潮流与趋势。因此，职业教育国际化工程的重点是推动省内职业院校与国（境）外职业院校的交流合作，鼓励与国外高水平职业院校合作办学，推动职业院校的教学模式改革。在国际交流方面，中英职业教育合作是广东省职业教育领域国际合作的重点项目，也取得了明显成效，在全国影响力较大。与此同时，广东也不断深化与德国职业教育学校的合作，多次举办论坛与学术交流，将德国先进技术标准融入广东省职业教育学校培养和企业培训中。

5. 高等教育

高校教育的综合实力不仅代表着地区发展水平，也成为制约地区发展的重要因素。新时代以来，广东省委、省政府始终把高等教育摆在重要战略位置，深化创新改革，打造"广东模式"的高等教育，发布和实施了一系列重大决策和举措，既加快了建设高等教育强省的步伐，也推动着广东省产业转型升级，全面推进现代化建设。

2015年，广东省委、省政府印发《关于建设高水平大学的意见》，提出建成一批国内外一流学科、在国际上有一定知名度和影响力的高校，带动全省高等教育整体水平提升。在发展改革过程中，广东省意识到高校理工科教育规模偏小、水平不高，缺少培养应用型技术人才的教育平台，难以与广东的产业结构相协调。因此，广东省委、省政府决定进行高水平理工科大学和高水平理工类学科建设，对7所高校采取省市共建模式重点建设，有效对接国家"双一流"，下好了"先手棋"，走在全国前列。

此外，为破除"双高"建设的体制机制障碍，扩大和落实高校办学自主权，广东省政府各相关部门出台了《高水平大学建设人事制度改革试点方案》《关于进一步深化政府采购管理制度改革的意见》《关于深化广东高校科研体制机制改革的实施意见》等一系列具有创新性、针对性的高水平大学建设强有力的支持措施。

广东自2015年启动高水平大学、高水平理工科大学建设以来，入选高校共19所，形成了广东高等教育"777"发展矩阵，即7所高水平大学建设高校、7所高水平大学重点学科建设项目高校和7所高水平理工科大学建设高校，为服务广东创新驱动发展战略注入新力量。广东"双高"建设以超常规的投入力度和改革举措，在队伍建设、人才培养等方面都赢得了重要的先机，促进了广东高等教育整体水平的提高，引起了高等教育界的关注。"双高"为"双一流"打下坚实基础，为广东高等教育整体跨越式发展带来了新气象。

6. 特殊教育

党的二十大报告提出"强化特殊教育普惠发展"，这是建设教育强国的强基之策。特殊教育是高质量教育体系不可或缺的重要内容，对教育的整体改革发展和教育现代化的全面推进至关重要，也是国家教育发展改革的重要内容。广东省一直注重残疾儿童少年的健康成长，自提出残疾儿童实施免费15年的教育政策以来，广东先后实施两期特殊教育提升计划，形成了"以特殊学校为骨干，以普通学校特殊教育班和残疾儿童少年随班就读为主体"的特殊教育安置格局，不仅建设了一批在全国闻名的高质量特殊教育学校，也形成了有广东特色的特殊教育课程体系。

2014年，国家颁布第一期特殊教育质量提升计划，广东也在此指引下提出了《广东省特殊教育提升计划（2014—2016年）》，创新性地提出针对残疾学生实施15年免费特殊教育，具体规定了"在全省范围内实施免费义务教育的基础上，从2015年春季学期起，在全省范围内实施高中阶段残疾学生免费教育，免收学杂费、课本费；有条件的地区可实施从学前教育到高中阶段残疾学生免费教育"。在该计划颁布以后，各个地区也颁布了未来三年发展的特殊教育质量提升计划。全省特殊教育质量整体大幅度提升，一方面体现为特殊教育学校资源扩充，因省政府财政支持，特殊教育学校的硬件设施及场地都得到了保障；另一方面，对特殊教育学校教师进行专业的教学培训，尤其是省教育厅组织的特殊教育分类培训，师资质量得到了明显提升。广东省还强调加强特殊教育资源共享，2017年，广东省特殊教育教师发展联盟成立，专业教师以及研究学者的交流学习更加推动了特殊教育学科专业建设和课程教学改革，加强教师队伍的专业化建设，并有效推进特殊教育师资培养的协同创新，建立高校和地方、高校和特殊学校的协同互动机制。

在第一期特殊教育计划取得良好成效后，2017年7月，教育部制订了第二期特殊教育提升计划。2018年1月，广东省也随之颁布了第二期特殊教育提升计划，在总结第一期提升计划的基础上提出了诸多创新性的举措，比如加强省级统筹，提出在未来几年建立省级特殊教育中心，发挥引领全省特殊教育发展的作用，加大对欠发达地区和特殊教育薄弱环节的支持力度；建立健全多部门协调联动的特殊教育推进机制，明确教育、发展改革、民政、财政、人力资源社会保障、卫生计生、残联等部门的任务，形成工作合力。此外，提升计划也提出在全省各个地区建立特殊教育中心，发挥中心的统筹作用，实现跨部门的协作，办好当地的特殊教育。

2022年6月，广东省教育厅发布《广东省"十四五"特殊教育发展提升行动计划》。在过去特殊教育事业发展的基础上，"十四五"期间广东省特殊教育改革发展的总体思路是按照拓展、融合、提升、保障，进一步健全特殊教育体系，完善特殊教育保障机制，加强基础能力建设，以适宜融合为目标，以内涵发展为主线，以质量提升为根本，构建特殊教育公平融合高质量新格局，促进残疾儿童少年得到最大限度的发展，让残疾儿童少年享有公平有质量的教育。

7. 终身教育

终身教育（lifelong education）是指人们在一生各阶段所受各种教育的总和，是人所受不同类型教育的综合。终身教育包括教育体系的各个阶段和各种方式，主张在每一个人需要的时刻以最好的方式提供必要的知识和技能。广东是改革开放的先行地，拥有强大的经济实力，与经济发展相适应，广东在全国较早进入终身教育时代。1993年，国家颁布的《中国教育改革和发展纲要》首次提出发展"终身教育"，此后党中央、国务院出台一系列强化终身教育发展的政策文件，在国家终身教育政策指引下，广东终身教育改革不断推进，成人教育体系不断完善。新时代以来，广东终身教育进入深入发展阶段，在以社区教育建设为核心的基础上，对其他形式终身教育进行改革创新，终身教育体系建设的广度和深度都有了长足进步。

政策方面，各项政策对终身教育发展的要求和指导更加明确，目标更加具体和详细。2013年，《广东省教育发展"十二五"规划》提出"构建覆盖全省、层次多样、类型丰富的教育机构网络，形成面向人人、面向社会的终身教育体系"，并提出了着力发展继续教育、拓展高等学校社会服务功能、促进教育资源社会共享、推进学习型社会建设、推进终身教育立法等具体措施。2015年，《广东省人民政府关于深化教育领域综合改革的实施意见》提出："构建灵活开放的终身教育体系。试行普通高校、高职院校、成人高校之间学分转换，加快建立广东终身教育学分银行，拓宽终身学习通道。开放学习资源、提供学习平台、建立质量保障体系，构建优质高效的全新学习环境。整合优质教育资源，以多种形式提供大规模、系统化开放在线课程，实现共建共享。深入开展社区教育实验区建设，推动城乡广泛开展社区教育。"2017年3月，广东发布了全国首个终身教育资历框架地方标准——《广东终身教育资历框架等级标准》（DB44/T 1988—2017），为各级各类成果认证、积累与转换提供了参照，实现了普通教育、职业教育、培训及业绩成果之间的等值互认，各级各类教育纵横贯通和衔接的终身教育体系初步形成，填补了国内教育领域终身教育标准的空白。

终身教育实践方面，开展了以下主要工作：一是加快推进学习型社会和学习型城市建设，各类学习型组织蓬勃发展，形成了一批终身教育体系基本完善、各级各类教育协调发展、学习机会开放多样、学习资源丰富共享的学习型城市。二是建立了广东开放大学体系，各地广播电视大学成功转型，形成了省、市、县三级开放大学网络。三是建立了广东终身教育学分银行，开通了广东终身学习网，社区居民"终身学习卡""终身学习账户"等制度逐步建立，学习成果互认和衔接机制更加顺畅。四是社区教育更加注重内涵发展，按照国家提出的构建终身教育体系的统一部署，广东省大力开展社区教育实验。国家级、省级社区教育示范区、实验区建设进一步加强，"全民终身学习活动周""市民大讲堂""全民读书节"等群众性学习活动蓬勃发展，形成了一批社区教育的特色品牌项目。五是社区教育向农村延伸，推进粤东西北地区城乡社区教育机制和网络建设，农村职业教育、职业培训教育与成人继续教育、终身学习进一步整合，城乡终身教育走向均衡发展。六是2017年广东省教育厅改组成立职业教育和终身教育处，建立了终身教育管理和指导机构。

总之，"终身教育"和"终身学习"成为终身教育政策的主导话语。广东终身教育改革由注重终身教育机会和条件的提供，转向更加注重激发和调动社会民众的终身学习积极性和主动性。这是实现学习型社会建设的关键，也是终身教育体系完善和学习型社会逐渐成熟的标志。值得重视的是，广东省教育厅职业教育和终身教育处的成立，表明广东终身教育发展开始向着建立指导机构、完善体制机制、注重顶层设计与决策导向的方向发展。

▼二 全面深化教育领域综合改革

全面贯彻党的教育方针，坚持立德树人，加强社会主义核心价值体系教育，增强学生社会责任感、法治意识、创新精神和实践能力，要求有效推进广东省统筹教育综合改革，强化组织领导统筹、工作机制统筹、资源配置统筹，不断深化教育领域综合改革，推进管办评分离，促进教育治理体系和治理能力现代化。

1. 深化教育管理体制改革

教育管理体制改革是教育体制改革的重要组成部分，是教育事业发展的重要推手。党的十八大以来，教育管理体制改革进一步融入了推进国家治理体系和治理能力现代化这个更大的国家治理背景中。2013年，党的十八届三中全会作出的《中共中央关于全面深化改革若干重大问题的决定》进一步指出，要"深入推进管办评分离，扩大省级政府教育统筹权和学校办学自主权，完善学校内部治理结构。强化国家教育督导，委托社会组织开展教育评估监测"。在国家政策背景下，广东省出台统筹推进教育管、办、评分离的政策文件、方案措施，出台《关于广东省深化高等教育领域简政放权放管结合优化服务改革的实施意见》，建立权责清单动态调整机制；推动取消了网校设置审批、高等教育自学考试专科专业审批等教育领域审批事项，取消了高校举办国际会议审核事项，取消了民办学校聘任校长核准事项；编制教育部门权责清单并向社会公布，做好全面取消非行政许可审批事项的后续监管工作。

2. 深化课程教学体制改革

课程教学是国家意志在教育领域的直接体现，在立德树人中发挥着关键作用，广东课程教学改革是在坚决贯彻党中央、国务院关于教育改革的指示精神下进行的。党的十八大提出"把立德树人作为教育的根本任务"，2018年，习近平总书记在全国教育大会上发表重要讲话，深入分析了当前教育工作面临的新形势和新任务，在课程建设方面，习近平总书记指出，"学科体系、教学体系、教材体系、管理体系要围绕立德树人这个目标来设计"，构建起德、智、体、美、劳全面培养的教育体系。广东省课程教学改革在党中央、国务院政策、习近平关于教育重要论述的指引下，进一步落实立德树人根本任务，努力建设具有广东特色的课程体系。

根据《国家中长期教育改革和发展规划纲要（2010—2020年）》《教育部关于全面深化课程改革落实立德树人根本任务的意见》等文件精神，2016年，广东省教育厅发布《广东省教育厅关于中小学地方综合课程的指导纲要（试行）》（以下简称《指导纲要》）。《指导纲要》指出，要"全面贯彻党的教育方针，坚持立德树人，加强社会主义核心价值体系教育，完善中华优秀传统文化教育，形成爱学习、爱劳动、爱祖国活动的有效形式和长效机制，增强学生社会责任感、创新精神、实践能力"。因此，制定《指导纲要》是全面落实党和国家教育方针、政策的重要举措。除此之外，《指导纲要》还在"社会与文化"领域开设岭南文化及广东经济社会发展内容的专题教育，展现广东岭南文化的深厚内涵，立足广东，胸怀祖国，放眼世界，彰显课程的广东特色与国家民族精神和世界意识教育的有机统一。

2018年7月24日上午，广州市南沙区教育局与教育部基础教育课程教材发展中心、课程教材研究所正式签署《共建"基础教育课程改革实验区"第三期协议》，南沙区成为全国十二个基础教育课程改革实验区之一，也是广东省唯一的实验区。截至2024年，南沙区共启动四期"基础教育国际化示范实验区"建设，积极探索高质量课程体系建设，以国际化为切入点和抓手，不断提升南沙基础教育品质，先后启动了"学校课程领导力建设""学科教学关键问题""'深度学习'教学改进""全国基础教育课程教学改革研讨会""基础教育国际化论坛"等项目，努力通过提升教育质量从根本上打造适合的义务教育，促进学生全面发展。

除了进一步提高课程教育质量，广东省还注重欠发达地区的课程教学改革，努力做到教育均衡发展。2014年，广东省教育研究院与地处偏远的韶关市始兴县共建教育科学发展实验区，对学校进行大刀阔斧的改革，破解教育不平衡、不充分问题。广东省教育研究院首先从培训教研员、校长等人入手，使其带领更多教师课改，通过"派出去培训、请进来指导"，让教师有能力进行课改，1100多名农村教师因此受益。在提高教师能力的基础上，始兴县充分挖掘本地特色，利用大成殿等古建筑资源，构建"大成教育"特色课程，激发学生兴趣；通过国外课外读物扩宽学生视野，让城乡孩子站在同一起跑线。总的来说，通过因地制宜、科学特色的课程改革，全县中小学教育质量稳步提升。

3. 深化考试招生制度改革

考试招生制度，承担着维护教育公平，促进社会公平公正的重要责任，不仅关系百姓切身利益，也是整个人才培养体系的重要枢纽，连接着大中小学教育。2014年，习近平总书记主持召开中央全面深化改革领导小组会、中央政治局常委会、中央政治局会议审议考试招生制度改革方案。紧接着，国务院印发《关于深化考试招生制度改革的实施意见》，启动了新一轮考试招生制度改革。2020年，中共中央、国务院印发了《深化新时代教育评价改革总体方案》，再次对考试招生制度改革进行了部署。党的十八大以来，广东省各级各类教育考试招生工作坚决贯彻党中央、国务院决策部署，积极稳妥推进考试招生制度改革，适应广东经济社会发展对多样化高素质人才的需要，着力促进学生健康发展，为建设教育强国和人才强国提供了有力保障。

全国考试招生制度改革进程中，广东省一直走在前列，是全国首批进入普通高中新课程改革实验的四个省份之一。2016年，国务院发布《关于深化考试招生制度改革的实施意见》，广东省在政策指引下，认真总结实施普通高中新课程实验的普通高考改革经验，加强对高校招生考试、录取和中学综合评价三方面的统筹，向社会发布《广东省人民政府关于深化考试招生制度改革的实施意见》，明确了深化考试招生制度改革的任务书、时间表和路线图，确定从2021年起实行新的高考综合改革方案，基本形成分类考试、综合评价、多元录取的考试招生制度。在高职院校招生制度改革方面，广东省从2010年起，选取10所高职院校和49所公办中职学校开展对口"三二分段"中高职衔接试点工作，并在4所高职院校开展面向普通高中毕业生的自主招生。2015年，广东省加大高职院校分类考试工作的推进力度，各种分类考试取得了较好的成效，招生规模进一步扩大，生源质量得到进一步提高。总的来说，高职院校自主招生试点工作顺利推进，对于高职院校探索中高职衔接培养应用型人才新路子，突出以技能为核心的职业教育教学特色起到了积极的推动作用，为广东省先进制造业和现代服务业所需的高技能人才提供了支撑，得到社会和广大考生的普遍赞誉。

▼ 三 扎实推进教育信息化、国际化发展

随着经济全球化和社会信息化的持续推进，教育信息化和国际化成为世界各国教育发展和教育现代化的共同努力方向。广东省作为改革开放的先行地，教育信息化和国际化一直走在全国前列，并不断探索创新教育新模式，为全国探索教育信息化和教育国际化作出了重要贡献。

1. 广东教育信息化改革发展

2015年国际教育信息化大会召开，习近平总书记致信大会，提出"因应信息技术的发展，推动教育变革和创新"。广东省作为我国教育发展的排头兵，一直走在教育信息化发展的前列，积极尝试创新，探索出了一条"积极借鉴国际经验，密切结合本省实际"的具有广东特色的教育信息化

改革发展之路。

2012年，教育部发布了《教育信息化十年发展规划（2011—2020年）》，要求到2020年，全面完成教育信息化目标任务，形成与国家教育现代化发展目标相适应的教育信息化体系。作为我国首个教育信息化发展的政策性文件，规划从教育的不同层次、不同方面明确了信息化发展的任务，配合具体的行动计划，为广东省教育信息化工作提供了更为明确的指导。2016年，教育部又发布了《教育信息化"十三五"规划》，这是我国第二个教育信息化发展的五年规划。规划进一步明确教育信息化发展目标：到2020年，基本建成"人人皆学、处处能学、时时可学"，与国家教育现代化发展目标相适应的教育信息化体系；基本实现教育信息化对学生全面发展的促进作用，对深化教育领域综合改革的支撑作用和对教育创新发展、均衡发展、优质发展的提升作用；基本形成具有国际先进水平、信息技术与教育融合创新发展的中国特色教育信息化发展道路。

在国家教育信息化专门政策文件的指引下，广东省于2014年发布了《关于加快推进教育信息化发展的意见》，明确了"以教育信息化带动教育现代化是教育科学发展的重大战略任务"；又于2017年发布了《广东省教育信息化发展"十三五"规划》，不断加强广东省的教育信息化改革与发展。

一方面，教育信息化基础设施建设开启"智慧化"，紧跟信息科技发展的步伐，广东省教育信息化开启了"智慧教育示范工程"，以珠三角地区为发展龙头，通过广州"智慧教育城"、深圳"首批中小学智慧校园"等项目，建设了"智慧校园"136所，"未来教室"300多个，提炼区域典型应用案例110多个，使教育信息化的基础设施建设水平紧跟国际发展，提高到了一个新的层次。

另一方面，加强信息技术与教育教学深度融合的创新与推广应用。

2016年，在深圳南山区、广州番禺区、肇庆德庆县等地举办了各种形式的教育信息化应用现场会，立体展示广东省基础教育信息化应用的阶段性成果，引导并切实推进各地加强信息技术与教育教学深度应用、融合创新。2014年，广东省根据教育部下发的年度教育信息化工作部署，积极开展"一师一优课、一课一名师"活动。到2017年12月，广东省在国家教育资源公共服务平台上参加"一师一优课、一课一名师"活动的教师共356804人，"晒课"数达358485节，仅2016—2017年度的部级"优课"就达到110节。

总的来说，通过宏观层面的政府财政支持、中观层面的信息化教育资源配置、微观层面的学校信息化教学融合，广东省在全国率先形成了"设施完备、网络畅通、资源丰富、应用高效"的教育信息化体系。

2. 广东教育国际化改革发展

教育国际化是世界教育发展的共同趋势。广东省作为我国改革开放的先行地和实验区，在教育领域不断进行开放的探索，加快国际化进程，改革理念由单一的人员国际化发展到办学理念与模式、教师、课程、研究以及项目等综合国际化，促进了教育的改革与发展。

一是不断巩固教育对外交流平台。新时代以来，广东省不断拓展和巩固与外国地区政府教育部门的高层次交流，有重点、分区域开展教育国际交流与合作，先后与多个国家和地区签订了合作协议。2012年9月，省教育厅与澳大利亚新州教育与社区部签署了《合作谅解备忘录》，建立了与澳大利亚教育部门合作的长效机制。2014年3月，广东省教育研究院与英国驻广州总领事馆签署《中英职业教育（广东）"现代学徒制试点"合作备忘录》，学习借鉴英国学徒制经验，寻求突破职业教育校企合作瓶颈问题的方案，为广东乃至我国职业教育人才培养模式改革和制度创新提供理论依据和经验借鉴。2016年5月，省教育厅与加拿大不列颠哥伦比亚省高等教育与劳动力市场发展厅签署《双向教育交流促进合作谅解备忘录》，加强与加拿大教育部门的合作与交流。

二是不断提高留学生教育水平。为贯彻落实教育部《留学中国计划》等重要文件关于积极发展留学生工作的要求，实现2020年留学生人数翻番的目标，在对广东留学生工作深入调研的基础上，广东省2013年正式设立广东省人民政府来粤留学生奖学金，每年奖学金总额为800万元人民币。截至2024年，全省有71所高校具备招收留学生资质，其中华南理工大学和广东外语外贸大学被列为全国首批来华留学示范基地，中山大学、华南理工大学、暨南大学、广东外语外贸大学、南方医科大学和广东工业大学的10门课程被评为"全国来华留学英语授课品牌课程"。2014年，中山大学、华南理工大学获得外交部和教育部批准，设立了中国—东盟教育培训中心。

三是不断推进高等教育中外合作办学。近年来，广东省积极开展教育国际化探索，大力推进引进境外优质教育资源来粤合作办学工作，推动设立一批中外合作办学机构及项目，形成了一定的规模，为提升高等教育水平作出了积极贡献。2012年，中山大学—美国卡内基梅隆大学联合工程学院两个非独立法人设置的中外合作办学机构经批准成立。香港中文大学（深圳）于2014年3月获教育部正式批准设立，这是自2008年以来首家与境外知名大学合作举办的独立高等教育机构。2013年，深圳市委、市政府印发《深圳市人民政府关于加快特色学院建设发展的意见》，目前清华—伯克利深圳学院、华南理工大学罗格斯创新学院、墨尔本生命健康工程学院等合作办学项目已经签约并不断推进。广东省其他地区如珠海、惠州、中山、揭阳等地市也积极推进中外合作办学机构，吉林大学国际理工学院、惠州与华南理工大学、广外考文垂大学中山工业设计学院、以色列希伯来大学等一批合作项目正在积极推进。这类特色学院的发展，有助于广东高校更灵活、更有针对性地引进境外优质教育资源，将对提高广东中外合作办学水平、推进高等教育发展发挥重要作用。

四是加强职业教育对外合作。首先是加强与英国职业教育交流合作。多年来，广东省与英国驻广州总领事馆文化教育处共同开展中英职业教育合作项目、"中高职课程衔接理论与实践"项目、"中英职业教育合作伙伴/院校"项目，目前已取得阶段性成果并在全国处于领先水平。其次是加强与德国职业教育交流合作。省教育厅与德国工商会及企业合作开展粤德职业教育合作项目，成立粤德职业教育合作推广与发展研究中心，通过赴德国学习、请德国专家来粤培训、举办中德职业论坛等方式学习、了解德国双元制的教育制度和理念等，培养符合我省现代产业发展需要的技能人才。最后是加强与新加坡职业教育合作。在积极开展中新知识城建设项目的基础上，拓展职业教育合作项目，大力引进新加坡的高等教育和职业技术教育发展的成功经验，通过考察交流、派出教师培训等项目，积极推进广东省高等教育及职业技术教育改革。

第三章

坚持教育优先发展，加快推进广东省教育现代化

CHAPTER3

2022年，党的二十大胜利召开。广东省委在习近平新时代中国特色社会主义思想指引下，深入学习贯彻党的二十大精神，深刻领会贯彻落实习近平总书记关于教育的重要论述以及关于教育的重要指示批示，以培养担当民族复兴大任的时代新人为己任，坚持从政治上看教育、从民生上抓教育、从规律上办教育，努力做到进一步优化教育事业战略布局，激励教育开拓创新，当好教育现代化发展的领头雁，为加快广东现代化建设发展奠基。

回望过去，面向未来，党的二十大之后，广东省委、省政府将继续贯彻推进新时代中国特色社会主义伟业这一重大战略部署。《广东省教育现代化2035》《广东省加快推进教育现代化实施方案（2019—2022年）》等政策文件的出台，充分表明广东已面向2035年踏上加快推进教育现代化、建设教育强省新征程，必将在贯彻党和国家战略部署，落实习近平总书记对广东重要讲话、指示批示精神中充分展示新作为。

 一　直面挑战：认识广东加快推进教育现代化的新形势

习近平总书记在党的二十大报告中对全面建成社会主义现代化强国"两步走"战略安排进行宏观展望，展现了一幅令人向往、催人奋进的壮美蓝图。与此同时，党的二十大报告也指出当前世界百年未有之大变局加速演进，新一轮科技革命和产业变革深入发展，国际力量对比深刻调整，我国发展面临新的战略机遇。我国教育发展的外部环境和内部条件，也面临着复杂而深刻的重大变化，广东省更加需要直面挑战，认真贯彻以习近平同志为核心的党中央的决策部署，充分认识广东加快推进教育现代化的新形势，超前谋划、统筹考虑，办好人民群众满意的教育。

1. 全面贯彻落实习近平总书记关于教育的重要论述

面对世界百年未有之大变局和中华民族伟大复兴之全局，广东在新时代开创中国特色社会主义事业新局面被寄予厚望。党的十八大以来，习近平总书记四次到广东考察，要求广东做到在深化改革开放、推动高质量发展、提高发展平衡性和协调性、全面加强党的领导和党的建设上走在全国前列，当好向世界展示我国改革开放成就的重要窗口和国际社会观察我国改革开放的重要窗口。在习近平总书记亲自谋划、亲自部署、亲自推动下，党中央、国务院在2019年先后印发《粤港澳大湾区发展规划纲要》《关于支持深圳建设中国特色社会主义先行示范区的意见》，要求加快打造国际一流湾区、建设世界级城市群，探索全面建成社会主义现代化强国新路径，为全面深化改革、推动形成全面开放新格局、实现高质量发展积累经验、提供示范。教育作为国之大计、党之大计，面临前所未有的新机遇和新挑战。

习近平新时代中国特色社会主义思想和习近平总书记关于教育的重要论述，为加快推进广东教育现代化提供了根本遵循。习近平总书记在全国教育大会上的重要讲话精神，是指导教育现代化的前进方向，党对教育工作的全面领导是教育现代化的旗帜，是教育现代化的指南针。推进教育现代化，必须坚持社会主义办学方向不动摇，培养德智体美劳全面发展的社会主义建设者和接班人，造就能够担当民族复兴大任的时代新人，为实现教育为人民服务、为中国共产党治国理政服务、为巩固和发展中国特色社会主义制度服务、为改革开放和社会主义现代化服务而奋斗。

站在新的历史起点上，当前和今后一个时期，广东教育领域将认真贯彻以习近平同志为核心的党中央的决策部署，解放思想、实事求是、与时俱进、大胆创新，围绕提高质量、促进公平、优化结构三大核心任务，坚持教育优先发展，深入实施教育强省战略、创新驱动发展战略、人才强国战略，完善科技创新体系，率先实现教育现代化；坚持方向引领，坚持立德树人根本任务，遵循教育规律，构建大中小幼一体化思想政治教育体系，培养德智体美劳全面发展的社会主义建设者和接班人；坚持改革创新，继续深化教育领域综合改革，不断释放教育发展活力；紧扣公平和质量，深化管理体制、办学机制、教育教学方法改革，促进学前教育普惠优质均衡发展、义务教育均衡优质发展、高中教育多样化有特色发展；提升职业教育、特殊教育、终身教育水平，提升教育信息化、教育国际化水平，为每个学生的成长成才创造条件；促进高等教育内涵发展，为推动广东经济结构调整和产业升级打牢人才根基。

2. 充分认识广东推进教育发展的新要求新挑战

世界百年未有之大变局进入加速演变期，全球新一轮科技革命和产业变革正在深入发展，科技创新正在引领社会生产新变革，人才竞争日趋激烈。我国进入新发展阶段，对教育提出了新要求新挑战。新一轮科技革命和产业变革正在重构全球创新版图、重塑全球经济结构，全球人才和科技竞争更为激烈。科技跨领域多学科交叉融合、协同创新不断深化，对学习者的能力素养提出更高要求，也在不断加剧教育国际竞争。广东教育必须瞄准世界科学技术前沿，推进基础教育改革发展，统筹发展职业教育，深化高校综合改革，加强学科专业建设和课程教材教学改革，大力开发人力资源，加快创新人才培养，实现前瞻性基础研究、引领性原创成果重大突破。

当前，广东省正处于竞争优势重塑期、新旧动能加速转换期、工业化城镇化深化期、社会转型加速期、全面深化改革攻坚期、生态环境提升期，发展呈现新的阶段性特征，正处于跨越常规性、长期性关口的攻坚阶段，全省经济社会平稳健康发展的基础坚实，发展韧性好，潜力足，回旋空间大。"双区"建设等多重国家战略和先行先试政策在我省叠加。广东教育必须高起点调整优化资源布局结构，不断丰富和发展优质教育资源，促进各级各类教育形成全面深化改革、全面扩大开放新格局，为实现全省及各区域经济社会发展战略部署提供充足的人才、智力、科技、文化支撑。

改革开放特别是党的十八大以来，广东省委、省政府高度重视教育，把确保教育优先发展作为各项事业发展的重要先手棋，紧扣全省经济社会发展主题主线布局教育现代化工作，推动教育"争先进、当标兵、建高地"，保障教育系统为经济社会转型发展培养输送大批高素质创新型人才、应用型人才、技术技能型人才。据初步统计，截至2022年，全省共有各级各类学校3.79万所；各级各类学历教育在校生2787.26万人；专任教师163.58万人，比上年增加4.35万人，增长2.7%，较好满足人民群众教育需求和经济社会转型发展需要。但是，与习近平总书记关于"四个走在全国前列"、当好"两个重要窗口"要求相比，与人民群众日益增长的优质教育需求相比，与全省经济社会发展战略部署相比，广东推进教育现代化比以往任何时候都更加重要、更加迫切，不少矛盾、困难问题亟待破解。

当前，珠三角地区与粤东西北地区之间、城乡之间、学校之间教育发展不平衡不充分的矛盾相当突出，成为加快推进全省教育现代化的最大掣肘；教师专业化水平整体不够高，成为制约教育内涵发展、质量提高的关键问题；教育管理、投入、评价等体制机制总体活力不够充足，成为阻碍教育优先发展、科学发展、高质量发展的主要因素；教育发展的开放性、行业企业的参与性仍然偏低，与经济社会协同发展、互为支撑的格局尚未健全；教育智库建设总体滞后，教科研力量配置明显不足，教科研体系不够完善，未能有力引领和支撑教育现代化。

总的来说，面对教育发展的重大变化和重大挑战，广东省将进一步全面深化改革，要大胆改革创新，坚持在改革开放和教育现代化伟大实践中总结教育经验和正确的改革方法论；要时刻把握好全面深化教育改革的正确方向，坚定不移把党的领导贯穿教育工作全过程，坚定不移地推进教育治理体系和治理能力现代化。

二　躬身入局：把握广东加快推进教育现代化的时代使命

全面建成社会主义现代化强国的新征程中，广东应服务"四个走在全国前列"、当好"两个重要窗口"，准确把握加快推进广东教育现代化的时代使命。构建推动教育高质量发展的制度框架，助力构建推动经济高质量发展的体制机制；构建创新发展的动力机制，以完善现代教育体系助力建设现代化经济体系；推进全省人民共享教育改革发展成果，助力营造共建共治共享的社会治理格局。

1. 为党育人、为国育才

广东加快推进教育现代化，必须充分认识"培养什么人、怎样培养人、为谁培养人"始终是教育的根本问题，把培养一代又一代拥护中国共产党领导和我国社会主义制度、立志为中国特色社会主义奋斗终身的有用人才作为方向和目标。

一是把落实立德树人根本任务融入思想道德教育、文化知识教育、社会实践教育各环节，贯穿基础教育、职业教育、高等教育各领域，体现到学科体系、教学体系、教材体系、管理体系建设各方面。坚持教育为人民服务、为中国共产党治国理政服务、为巩固和发展中国特色社会主义制度服务、为改革开放和社会主义现代化建设服务，全面实现为党育人、为国育才，建成理念先进、制度科学、优质公平、人民满意的中国特色世界一流教育体系。

二是构建大中小学一体化的思想政治工作体系。要用好马克思主义理论研究和建设工程重点教材及中小学国家统编教材，中小学地方教材编写有机融入习近平新时代中国特色社会主义思想。完善以习近平新时代中国特色社会主义思想为核心内容的高校思政课课程群建设，以思政课必修课为主干，思政课选修课、人文修养类选修课、专题讲座等相协同，紧跟紧扣马克思主义中国化最新成果、坚持和发展中国特色社会主义最新经验，推动习近平新时代中国特色社会主义思想入脑入心。2021年，广东省教育厅制定印发了《统筹推进大中小学思想政治理论课一体化发展的工作措施（试行）》，对循序渐进、螺旋上升地开设大中小学思政课，推进大中小学思政课一体化发展提出了11条具体措施，积极发出大中小学思政课一体化发展的广东声音。

（1）成立广东省学校思想政治理论课教学指导委员会。

（2）组建大中小学思政课一体化教学改革创新联合体。

（3）探索建立区域内大中小学思政课一体化发展体制机制。

（4）建立大中小学思政课教师集体备课机制。

（5）组织高校、中小学校思政课名师工作室联合开展思政课教学一体化研究。

（6）常态化举办大中小学思政课一体化教学展示活动。

（7）延伸高校思政课区域协同创新中心工作手臂。

（8）鼓励大中小学党组织书记、校长同上"思政第一课"。

（9）加强思政课一体化发展培训。

（10）注重大中小学思政课一体化发展研究。

（11）落实思政课一体化发展责任。

2. 构建德智体美劳全面发展的培养体系

广东加快推进教育现代化，必须充分发挥教育的功能作用，以树人为核心，以立德为根本，建立健全促进学生德智体美劳全面发展的课程、教材、教学、评价体系。应坚持因材施教，努力为每个学生提供适合的教育，使学生思想道德品质、科学文化素质、身心健康水平不断提升，葆有好奇心、想象力和创造力，实现全面发展与个性发展相统一。

加强和改进学校体育工作。牢固树立健康第一的教育理念，引导学生热爱体育运动。实施体育师资配备、场地设施建设行动计划。开齐开足体育课程，保证中小学生每天1小时校园体育活动，培养学生掌握1—2项体育运动技能。完善学校体育学科、学生体质健康状况考核评价体系，加大学生体质健康监测和信息化管理工作力度。

加强卫生健康教育。建立卫生健康教育教学指导工作协调机制，完善大中小幼相衔接的学校卫生健康教育机制，引导学生树立正确的健康观，普及卫生健康知识。深入开展校园爱国卫生运动，打造健康学习生活环境，倡导文明健康的生活方式。加强心理健康教育教师配备和设施设备建设，完善学生心理危机联防联控工作机制，引进社会力量辅助学生进行心理健康教育。

加强和改进学校美育工作。加强美育评价体系建设，将美育纳入政府履行教育职责评价范围。实施美育师资配备、场地设施建设行动计划，加快推进中小幼美育设施标准化和高校艺术场馆建设，推动校内外美育资源共建共享。开齐开足美育课程，开发地方艺术课程，开展丰富多彩的美育活动，帮助学生掌握1—2项艺术技能，提高艺术素养，陶冶高尚情操。加大薄弱地区、乡村学校美育扶持力度，每年为粤东粤西粤北地区10—15个县（市、区）、乡镇提供美育精准帮扶。

加强劳动教育。把劳动教育纳入人才培养全过程，与德育、智育、体育、美育相融合，建立课程完善、资源丰富、形式多样、机制健全的劳动教育体系。在大中小学设立劳动教育必修课程和劳动周。建立学校为主导、家庭为基础、社区为依托的劳动教育协同实施机制，健全劳动教育安全保障体系。研制学生劳动素养评价标准。

加强青少年法治教育。把习近平法治思想融入学校教育，纳入法治理论教学体系，做好进教材、进课堂、进头脑工作。加强宪法、民法典等法律学习，增强青少年的法治意识和法治素养。

加强国家安全和公共安全教育。加强国家安全和公共安全教育内容、课程、教材、师资队伍和评价体系建设。师范专业开设幼儿和未成年学生安全教育管理与安全技能课程。将国家安全和公共安全知识、技能教育纳入教师继续教育培训。

加强国防教育。规范国防教育课程、内容和师资队伍建设。加强高校和高中阶段学校学生军事技能训练。持续开展中小学国防教育示范学校创建活动，推动国防教育特色学校建设。加强高校军事理论教学，落实学校军事课程建设标准。

3. 增强教育现代化对经济社会转型发展的引领力和支撑力

广东加快推进教育现代化，必须把教育同国家及区域经济社会转型发展紧密结合起来，完善教育布局结构、人才培养结构，深化产教融合、产学研结合、校企合作，提升科研创新支撑能力，为产业转型升级和社会文明进步服务；坚持统筹协调、分类指导，着力提升"一核一带一区"教育发展水平，服务乡村振兴，促进区域协调发展。

构建珠三角核心区教育高质量发展标杆体系。丰富珠三角地区优质教育服务供给，推动学前教育普及普惠；扩大中小学公办教育资源，创建一批全国义务教育优质均衡发展县（市、区）；充分发挥优质普通高中带动作用，高质量实现基本公共教育服务均等化。支持珠三角地区职业教育集团化办学，完善职业教育中高本一体化体系，推进深圳职业教育高端发展，率先建立中国特色职业教育高质量发展模式，争创世界一流。提升广州、深圳地区高校建设水平，加快创建一流大学和优势学科，为区域经济社会高质量发展提供强大核心引擎。

加快提升东西两翼和北部生态发展区教育发展品质。大力提高东西两翼和北部生态发展区基础教育水平，优化乡村学校布局结构，加强乡村小规模学校、乡镇寄宿制学校和义务教育标准化学校建设，全面提升教师队伍整体素质。有序推进东西两翼和北部生态发展区中心城区基础教育扩大规模、提升品质。整合东西两翼和北部生态发展区县域职业教育资源，提高县域中等职业教育持续健康发展能力。创新发展面向北部生态发展区农村的职业教育与成人教育，加大新型职业农民培育力度，形成一支"永久牌"乡村振兴带头人队伍。加快补齐东西两翼和北部生态发展区技工教育发展的短板，推动潮州、揭阳、汕尾各建成至少1所技师学院。支持汕头加快打造区域教育高地。支持汕头、湛江两个省域副中心城市打造特色鲜明的高校集群，服务沿海经济带地区，承接重大产业转移。支持北部生态发展区建设韶关学院等符合区域经济社会转型发展的应用型高校，大力发展面向"三农"的高等教育，培养高质量、专业化的应用研究型人才。

立足建设粤港澳大湾区战略部署，推进粤港澳大湾区教育合作发展。

要做好全省教育改革发展的顶层设计，做好教育发展规划；把深化体制机制改革摆在首位，推动湾区高等教育融合发展；发挥高校学科优势，优化高等教育结构布局，打造湾区国际教育示范区，助推建设湾区国际科创中心；加强"一带一路"教育行动和中外人文交流，着力服务"一带一路"国际合作，培养植根中国大地和面向现代化、面向世界、面向未来的高素质国民，为民族振兴、国家富强、人民幸福蓄势聚能。

▼三 攻坚克难：落实广东加快推进教育现代化的时代任务

面对新时代下的教育发展，面向2035的教育现代化，广东将继续发展特色优质教育，把促进学生健康成长成才作为教育现代化的根本出发点和落脚点，以人才培养质量为核心细化落实各级各类教育质量标准，建构有广东特色、中国底蕴、全球视野的教育体系。

1. 推进教育高质量发展

各级各类教育高质量发展是教育现代化应有之义。广东省将推动学前教育普及普惠发展，部署实施第四期发展学前教育行动计划，构建覆盖城乡、布局合理、科学保教的高质量学前教育公共服务体系。广东省还将以幼儿园与小学科学衔接为重点，减缓幼儿园和小学衔接坡度，促进儿童可持续发展。

广东省义务教育发展水平与经济社会发展对多样化人才的需求相比，与国际教育先进水平相比还有不少差距，面临一些深层次矛盾和挑战。一是教育公平和均衡发展问题。目前，区域之间、城乡之间教育发展水平差距还比较大，应提升义务教育优质均衡发展水平，健全义务教育城乡一体化发展机制。为此，广东省将加快提升乡村学校和薄弱学校办学质量与育人水平。二是教育规模发展和质量水平提高问题。当前，全省义务教育巩固提高面临学龄人口持续增长和城镇化步伐加快的双重压力。预计随着国家实施"三孩政策"之后，小学学龄儿童还会增加。广东省将按照城镇化和常住人口规模科学编制城乡义务教育学校布局规划，科学测算学位需求，扩大学位增量，满足适龄学生入学需求。

面对学生个性化、多样化的发展需求以及社会对多样化人才的需要，广东将实施特色普通高中创建工程，分类指导普通高中全面创优，深入实施薄弱普通高中改造提升、优质普通高中再提升计划。探索差异化培养模式，拓宽学生自主发展渠道，形成多样化办学格局。推动中等职业教育内涵优质高效发展，推动普通高中和中职教育协调发展，全面提升学校办学水平和服务能力。

广东省高等教育未来要以"冲一流、强特色、补短板"战略实现新一轮的提升。为此，广东将加快推进高水平大学建设，深化体制机制改革，整合优势资源，加快建设世界一流大学和优势学科，对进入国家"双一流"计划的高校予以持续支持；广东正处于产业转型升级关键时期，迫切需要更多高等教育为产业提供科技研发支撑，并为此提供足够的人才支撑，未来广东高等教育将更加因地制宜，扎根特色，各城市、高校间将在理念交融中共创高等教育新模式；目前，广东省普通高校的布局结构、学科专业结构、人才层次类型结构还需进一步调整优化，珠三角地区与粤东西北地区高等教育发展不平衡现象比较突出，未来要通过省市共建计划大力推动粤东西北地区高等教育发展水平。

2. 建设高素质专业化创新型教师队伍

百年大计，教育为本；教育大计，教师为本。实现教育现代化，办好人民满意的教育，必须将深化教师队伍建设改革作为基础工程，努力打造规模宏大的高素质专业化创新型教师队伍。广东省从2012年起大力实施"强师工程"，经过不懈努力，教师队伍建设取得显著成绩，成为推动广东教育现代化的坚强保障。展望未来，广东省将以更长远的战略眼光审视推进教育现代化的目标任务，精准研判建设高素质专业化创新型教师队伍。

健全师德师风建设长效机制，将思想政治教育摆在教师培养培训工作首位。推进师德师风建设常态化、长效化，突出全员、全方位、全过程师德养成；加强教师诚信体系建设，注重学术道德和学术规范；坚持新时代教师职业行为十项准则，将师德第一标准体现在教师资格认定、考核等工作中。遴选师德建设典型案例，选树和表彰先进典型，充分发挥典型引领示范和辐射带动作用。全省每年9月组织开展师德建设主题教育月活动。

全面提升教师政治地位、社会地位、职业地位，健全激励与约束考核机制，强化教师国家使命和公共教育服务职责。推进高校教师岗位薪酬改革，完善绩效考核奖励制度和教职工薪酬体系。落实高层次人才工资分配激励政策，建立健全各类高层次人才实行年薪制、协议工资制、项目工资制等灵活多样的分配形式。鼓励教师和教育科研人员通过技术创新、科技开发、教材研发、成果转让、决策咨询、发表成果等方式获得更多成果性收入。

实施精准研训，全力提升全员师资素质。着力实施教师教育振兴行动计划，深化广东"新师范"建设，全面提升教师综合素质，加强校长、教师培训需求诊断，建立分类分层培训课程体系，落实五年一周期全员培训制度。加大对乡村、山区和边远地区教师培训力度，加强紧缺学科教师、学科富余教师转学科教学能力和信息技术应用能力培训。推进"互联网+教师教育"，建设连接教育行政部门、教育科研机构、师范院校和中小学（幼儿园）的教师培养与培训云平台，建立省级教师教育教学资源库和教师教育在线精品课程。

3. 推动教育治理体系和治理能力现代化

教育治理体系和治理能力现代化是教育现代化的重要支撑。广东对教育治理体系和治理能力现代化的接续探索，一直遵循中央顶层设计，不断深化机构改革，努力构建系统完备、科学规范、运行高效、符合广东特点的教育体系，努力办好人民群众满意的教育。

回眸广东教育改革发展历程，可以看到一条贯穿始终的"红线"——坚持和加强党的全面领导。不论是当前还是今后，广东省都将充分发挥党总揽全局、协调各方的领导核心作用，加快构建党对教育工作全面领导的工作体系，加强各级各类学校党的领导和党的建设工作，确保教育系统始终成为坚持党的领导的坚强阵地，确保广大党员干部和师生员工永远听党话、跟党走。

在党的领导下，广东省要进一步健全教育治理政策法规体系，理顺教育领域各主体的权利义务关系，完善和严格执行教育法律法规和监管机制，提高教育法治化水平。深化教育领域"放管服"改革，提升政府教育治理效能。加强教育督导及教育质量监测评估，推进教育督导结果公开与转化应用，提高教育督导权威性实效性。完善学校依法治理、自主发展、自我约束的内部治理结构，推动社会有序参与办学活动。打造高水平新型教育智库，统筹推进教育科研及教学研究机构和学校教研组织，充分发挥服务教育决策、创新教育理论、指导教育实践、引导教育舆论的作用。

第四章

阔步笃行，广东科技强省迈上新台阶

CHAPTER4

党的二十大报告指出，必须坚持科技是第一生产力、人才是第一资源、创新是第一动力，要深入实施科教兴国战略、人才强国战略、创新驱动发展战略，开辟发展新领域新赛道，不断塑造发展新动能新优势。习近平总书记多次强调，创新是引领发展的第一动力，实施创新驱动发展战略决定着中华民族的前途命运。近年来，广东坚决贯彻落实习近平总书记重要指示批示精神，系统部署加强科技创新工作，以科技创新驱动高质量发展，加速转换增长动能，通过布局大科学装置、深化科技体制机制改革、联合港澳协同创新、建设人才高地等措施，积极解决重点领域重大科学问题，努力为实现高水平科技自立自强提供不竭的源头动力，科技创新强省建设取得显著成效。

一　战略科技力量实现新突破

1. 建设高水平创新平台

近年来，广东积极融入国家战略科技大局，以国家目标和战略需求为导向，加快组建了一批国家实验室，重组现有国家重点实验室，形成了国家重点实验室体系，同时优化科研机构、高水平研究型大学、科技领军企业定位和布局，建立国家战略科技力量履职尽责、优势互补的协作机制，增强体系化创新能力。截至2023年底，广东累计建设国家重点实验室30家、粤港澳联合实验室20家、省实验室25家、学科类重点实验室287家、企业类重点实验室148家。广东以国家战略性需求为导向推进创新体系优化组合，已基本形成以鹏城实验室、广州实验室为牵引，以国家重点实验室、省实验室为核心，与粤港澳联合实验室等创新平台共同组成的梯次衔接、主体多元、特色分明的实验室体系。从粤东到粤西、从沿海到内陆、从精细化工到海洋科学……广东省实验室及其分支机构覆盖十余个地市，日渐成为支撑地方科技创新与产业发展的重要力量。（见表4-1、4-2）

表4-1 广东省重点实验室（学科类）

序号	领域	数量	2022年获批	2023年新增
1	医学科学	87	5	3
2	生物科学	52	3	0
3	信息科学	45	4	3
4	材料科学	30	2	1
5	工程科学	30	2	5
6	地球科学	27	2	0
7	化学科学	9	0	0
8	数理科学	7	0	3

注：数据来源于广东省科技厅。

表4-2 广东省重点实验室（企业类）

序号	领域	数量	2022年获批	2023年新增
1	制造	43	3	3
2	电子信息	29	4	5
3	新材料	23	1	2
4	生物医学	22	3	0
5	能源	15	0	1
6	现代农业	10	0	0
7	工程	6	1	0

注：数据来源于广东省科技厅。

2. 打造原始创新策源地

广州统筹推进国际科技创新中心、区域科技创新中心建设，打造世界科学前沿领域和新兴技术创新、全球科技创新要素的汇聚地，取得一系列重大成果。数据显示，2022年广东全省研发经费支出约4200亿元，占地区生产总值比重达3.26%，研发人员数量、发明专利有效量、PCT国际专利申请量均居全国首位，区域创新综合能力连续6年全国第一，在可预见的未来，这种优势还将持续扩大。①

广东初步建成一批体现国家使命和广东担当的战略科技力量，"十四五"期间将进一步优化大湾区国际科技创新中心建设格局。目前粤港澳大湾区"两廊两点"的格局逐渐建立，即广深港科技创新走廊、广珠澳科技创新走廊。两条科技创新走廊以广州为核心，宛如人体的两条手臂分别延伸至深圳和珠海，在这两条科技创新走廊上遍布一系列科技创新园区，如深圳国际生物谷、深圳坂雪岗科技城、西丽湖国际科教城、深圳高新区、深圳空港新城、东莞滨海湾新区、广州人工智能与数字经济试验区、广州科学城、广州南沙粤港澳全面合作示范区、中山翠亨新区、珠海西部生态新区等，科技创新走廊的存在使粤港澳三地之间创新要素加快流动，粤港澳大湾区加速迈向全球顶级科创湾区。

3. 建设重大科技基础设施

此外，与各级各类实验室相互呼应，广东聚焦材料、生命、信息、海洋、能源等重点学科领域，建设世界一流重大科技基础设施集群。中国散裂中子源二期、江门中微子实验站、惠州强流重离子加速器装置等推进建设，人类细胞谱系、冷泉生态系统、阿秒激光等新的大科学装置加快布局。依托中国科学院国家战略科技力量，广东推进重大科技基础设施项目布局建设，截至2022年，已建、在建和拟建的大科学装置达24个，部分装置已取得国际领先水平成果。

广州部分重大科技基础设施被列入国家"十四五"规划，其数量位居

---

① 数据来源：《2022年广东省国民经济和社会发展统计公报》《广东省科技创新"十四五"规划》等公开信息。

全国首位，包括鹏程云脑Ⅱ、散裂中子源二期、人类细胞谱系、先进阿秒激光设施、冷泉生态系统装置、强流重离子加速器、加速器驱动嬗变研究装置、中微子实验室、国家基因库、国家超级计算中心等等。

不久前，位于东莞的中国散裂中子源"姐妹花"装置南方光源研究测试平台建设迎来新进展：该平台精密实验环境集成装置通过竣工验收，为南方光源关键设备技术研发提供了强力支持。大科学装置（见表4-3）是探索基础前沿科学问题的"国之重器"，也是抢占未来科技竞争制高点的关键。十年来，广东举全省之力奋力加速"国之重器"战略科技力量建设，2011年奠基、2018年正式投用的中国散裂中子源，是首个落地珠三角的国家大科学装置。大国重器服务于国家重大战略需求。至2023年年初，中国散裂中子源自正式对中外用户开放以来已完成8轮运行，注册用户超4300人，完成课题1000余项，实现高效运行，大科学装置的综合效应开始逐步显现。2022年12月26日，中国散裂中子源二期工程可行性研究报告获得国家发展改革委批复，这标志着项目前期立项工作取得关键性进展。该项目主要建设11台中子谱仪和实验终端，提升加速器和靶站的束流功率。项目建成后，装置综合性能将达到国际先进水平，满足国家战略需求和世界科学前沿研究对高性能中子散射的要求，为高水平科技自立自强作出更多贡献，并进一步提升对粤港澳大湾区综合性国家科学中心的支撑能力。如今，散裂中子源已在多个领域开展了重大创新研究，开展了包括航空发动机单晶叶片和轴承、深海潜水器等大型工程部件残余应力和服役性能检测等，为国家急需的许多高性能结构材料攻关提供了关键技术平台。中国散裂中子源在新型能源材料、斯格明子拓扑磁性、自旋霍尔磁性薄膜、高强合金纳米相、航空材料、可燃冰、页岩、催化剂等领域取得一批重要成果；累计发表论文120余篇，包括在国际顶级期刊《科学》上发表相关研究成果。中国散裂中子源取得的科学成果远远超过美国和日本散裂中子源在建成后同样阶段的成果。2022年，散裂中子源国家重大科技基础设施项目被授予2021年度广东省科技进步奖特等奖。

表4-3　粤港澳大湾区已建、在建和规划拟建的大科学装置[1]

类别	大科学装置名称
已建成项目（5个）	中国散裂中子源
	深圳国家基因库
	国家超级计算广州中心
	国家超级计算深圳中心
	大亚湾中微子实验室
在建项目（10个）	中微子实验站
	加速器驱动嬗变研究装置（CiADS）
	强流重离子加速器装置（HIAF）
	新型地球物理综合科学考察
	天然气水合物钻采船（大洋钻探船）
	合成生物研究设施
	脑解析与脑模拟设施
	空间环境与物质作用研究设施
	空间引力波探测地面模拟装置
	鹏城云脑Ⅱ
规划建设项目（9个）	动态宽域飞行器试验装置
	极端海洋环境综合科考系统
	高密度能源燃料研究装置
	精准医学影像大设施
	冷泉生态系统大科学装置
	南方先进光源
	人类细胞谱系大科学研究设施
	横琴智能超算中心
	先进阿秒激光设施

注：数据来源于广东省科技厅。

---

[1]　中共广东省委党校（广东行政学院）编：《走出高质量发展的广东路径》，广东人民出版社2022年版，第50—51页。

二 "十年磨一剑"加强基础研究

高水平科技自立自强是高质量发展的重要支撑。尤其是面对新一轮科技革命和产业变革深入发展，我们只有不断加强"从0到1"的基础研究，取得更多原始创新成果，才能抢占国际科技竞争的制高点。在推进高质量发展的征程中，广东不断强化战略科技力量建设布局，加快补齐基础研究短板。2023年11月25日，《中国区域创新能力评价报告2023》发布。2023年广东区域创新能力排名第1位，连续7年居全国首位。该报告包含5个一级指标，在知识创造综合指标方面，北京排名全国第1位，且领先优势明显，广东排名第2位；在知识获取综合指标方面，广东排名第1位；在企业创新综合指标方面，广东连续7年居全国首位，江苏、浙江、北京紧随其后；在创新环境综合指标方面，北京超越广东，排名第1位；在创新绩效综合指标方面，表现最好的省份是广东，北京位列第二（见表4-4）。

表4-4 广东区域创新能力排行（2018—2023年）

指标	年份					
	2018年	2019年	2020年	2021年	2022年	2023年
综合值	1	1	1	1	1	1
知识创造	4	3	2	2	2	2
知识获取	3	3	2	2	2	1
企业创新	1	1	1	1	1	1
创新环境	1	1	2	1	1	2
创新绩效	1	1	1	1	1	1

注：资料来源于历年《中国区域创新能力评价报告》。

1. 加大基础研究投入

基础研究是科技创新的源头，而原始创新能力不足一度是广东的短板。十年来，围绕建设高水平科技创新强省，广东以"十年磨一剑"的思路系统部署加强基础研究，通过加强顶层设计、加大财政投入、引入社会力量、建设人才高地等措施积极解决重点领域重大科学问题，努力为科技创新提供不竭的源头动力。

2018年，广东在国内率先出台《广东省人民政府关于加强基础与应用基础研究的若干意见》，着力实现前瞻性基础研究、引领性原始创新成果重大突破；次年3月，又率先成立省基础与应用基础研究基金委员会，3年多来已资助项目超过1万项。2022年，广东启动实施《广东省基础与应用基础研究十年"卓粤"计划》，推进实施八项行动，重点聚焦在量子科技、脑科学与类脑、半导体器件和集成电路等领域，让基础研究有了更强的需求导向。广东围绕构建"基础研究+技术攻关+成果产业化+科技金融+人才支撑"全过程创新生态链，将力争在"从0到1"的原创性突破上打造"广东模式"、跑出"广东速度"，在重点领域获得若干"诺奖级"科学成果，推动粤港澳大湾区成为具有全球影响力的基础科学研究高地。

2021年，广东省科技经费投入力度持续加大，研究与试验发展（以下简称 R&D）经费投入保持较快增长，投入强度持续提升，基础研究占比明显提高。2021 年，全省共投入R&D经费4002.18 亿元，比上年增加522.30 亿元，增长15.01%，增速比上年提高2.71个百分点；R&D经费投入强度（与全省地区生产总值之比）为3.22%，比上年提高0.09个百分点。按R&D人员全时工作量计算的人均经费为45.21万元，比上年增加 5.31万元。从活动类型来看，全省用于基础研究的经费投入为274.2亿元，比上年增长34.4%；应用研究经费356.72亿元，增长11.5%；试验发展经费3371.19亿元，增长14.1%。基础研究经费所占比重为6.9%，比上年大幅提升1个百分点；应用研究和试验发展经费所占比重分别为8.9%和84.2%。2021年，全省财政科学技术支出为982.76亿元，比上年提高27.03亿元，增长 2.8%，占当年全省财政一般公共预算支出的比重为5.4%。省本级财政科学技术支出为102.05亿元，同比增长21.5%，占省本级财政一般公共预算支出的比重为6.6%。按区域分，珠江三角洲核心区845.09亿元，增长2.6%；东翼15.22亿元，增长17.3%；西翼5.52亿元，减少36.4%；北部生态发展区14.88亿元，减少44.3%。按支出科目分，其他科学技术支出468.42亿元，同比增长15.1%，占全省财政科学技术支出的比重为47.7%；技术研究与开发184.08亿元，减少21.3%，占18.7%；基础研究124.75亿元，增长7.5%，占12.7%；应用研究11.44亿元，减少22.4%，占1.2%（见表4-5）。[1]在未来展望上，2025年广东全社会基础研究经费投入占研究与试验发展（R&D）经费比重达到10%，省级科技创新战略专项资金中用于基础研究的支出比重超过1/3。到2030年，全社会基础研究经费投入占研发经费比重达到13%左右。

表4-5 2021年各分类科目财政科技拨款情况

分类科目	2020年科学技术支出/亿元	2021年科学技术支出/亿元	增长/%
全省地方财政科学技术支出	955.73	982.76	2.8
其中：科学技术管理事务	62.38	46.39	−25.6
基础研究	116.01	124.75	7.5
应用研究	14.74	11.44	−22.4
技术研究与开发	233.79	184.08	−21.3
科技条件与服务	44.55	54.56	22.5
社会科学	5.69	4.36	−23.4
科学技术普及	9.2	13.06	42.0
科技交流与合作	4.25	4.48	5.5
科技重大项目	58.2	71.21	22.4
其他科学技术支出	406.92	468.42	15.1

注：数据来源于《2021年广东省科技经费投入公报》。

---

① 数据参见《2021年广东省科技经费投入公报》，2022年11月2日。

2. 重视科研人才培养

2023年8月，习近平总书记在《求是》杂志上发表重要文章《加强基础研究　实现高水平科技自立自强》，强调："加强基础研究，是实现高水平科技自立自强的迫切要求，是建设世界科技强国的必由之路。"[①]近年来，广东省强化基础研究前瞻性、战略性、系统性布局，加大基础研究经费投入，打造各类基础研究平台，涌现一大批基础研究人才，部分领域实现从"跟跑"到"并跑""领跑"的转变，广东省基础研究竞争力大幅提升。当前，全省各地深入落实省委"1310"具体部署，把教育强省、科技创新强省、人才强省建设作为事关广东现代化建设的基础性、战略性工作，全力以赴抓紧抓实抓好，加快在实现高水平科技自立自强上取得新突破。

近年来，广东在加强基础研究人才支持方面采取了有力措施，加大基础研究的资金投入，加强青年科技人才培养和使用，构建符合基础研究规律和人才成长规律的评价体系。

第一，加大基础研究投入，夯实研究人员物质基础。深圳以立法形式确立了不低于30%的市级科研经费必须投向基础研究和应用基础研究。2022年，深圳基础研究经费投入占全社会研发投入比重达到7.25%，超过全国平均水平（6.3%）。2022年，腾讯公司宣布10年内出资100亿元人民币设立"新基石研究员项目"。该项目为聚焦原始创新、鼓励自由探索、公益属性的新型基础研究资助项目，重在"选人不选项目"，旨在长期稳定地支持一批杰出科学家潜心基础研究，实现"从0到1"的原始创新，每位入选者将连续5年每年获得300万—500万元资金。广东还通过财税政策

---

① 习近平：《加强基础研究　实现高水平科技自立自强》，《求是》2023年第15期。

引导企业建立基础研究长期投入增长机制，支持领军企业、龙头企业联合广东省自然科学基金管理委员会共同设立省企联合基金，支持有条件的企业联合高校、科研院所设立基础研究专项基金。

第二，支持青年科技人才挑大梁、担重任。2023年，广州市发布《广州市科学技术局完善基础研究人才培育体系工作方案》，着力构建持续稳定的基础研究投入机制：实施青年博士"启航"计划，构建以青年博士为核心的"普惠制"支持模式；实施优秀博士"续航"计划，对获得国家自然科学基金立项的优秀博士予以配套支持；实施科技菁英"领航"计划，鼓励优秀青年人才瞄准国际前沿和重点领域重大科学问题潜心开展创新性基础研究，助力壮大国家基础研究高水平人才队伍。2018年，腾讯基金会出资设立"科学探索奖"，秉承"面向未来、奖励潜力、鼓励探索"的宗旨，面向基础科学和前沿技术领域，奖励在中国内地及港澳地区全职工作的、45周岁及以下的青年科技工作者，每位获奖者获300万元（分5年资助），是国内金额最高的青年科技人才资助计划之一。党的十八大以来，党中央从博士后工作顶层设计着手，持续推动博士后工作的改革创新。《国务院办公厅关于改革完善博士后制度的意见》《关于进一步加强企业博士后科研工作站建设的通知》等政策措施相继落地。广东先后印发了《关于加快新时代博士和博士后人才创新发展的若干意见》等政策文件，从博士后的引、育、留、用等多方面提出了一系列的创新举措，有力地支持博士后人才队伍发展，并在博士后人才高地建设中取得了多方面的成效。截至2023年，广东已建成1267家博士后科研平台，其中包括177家博士后科研流动站、647家博士后科研工作站（分站）、443家博士后创新实践基地，已初步形成学科专业齐全、行业分布广泛、广东特色鲜明的博士后工作体系。同时，广东正在积极打造粤港澳大湾区（广东）人才港博士博士后创新示范中心，建设区域性创新创业孵化基地，举办博士后人才交流与科技项目对接会，多措并举推动博士后成果转化落地。近年来，广东博士后人才队伍不断扩大，博士后进站规模呈现出逐年加速扩大的趋势，平均年增长率超过19%，每年新增的博士后数量稳居全国前列。截至2022年底，广东累计招收博士后4万余名，约占全国的1/7。其中，2022年度招收博士后4519名，在站博士后超1.2万名。2022年至2023年期间，广东省珠海市成功举办了第一届粤港澳大湾区博士博士后创新创业大赛，大赛期间有73个项目进行签约，达成约12.5亿元的合作意向；有236家大湾区企事业单位提供了745个岗位共计4030个人才招聘需求，吸引国内外152所高校的2300余名博士博士后进行交流对接。

第三，构建符合基础研究规律和人才成长规律的评价体系。广东深入实施基础研究十年"卓粤"计划，探索建立符合基础研究规律和人才成长规律、有利于原始创新的评价制度。坚决破除"四唯"倾向，推动建立以学术贡献和创新质量为核心的基础研究分类评价体系。坚持以同行评议为主的方式评价基础研究成果，鼓励国际"小同行"评议，推行代表作制度，实行以定性评价为主、定性和定量评价相结合的评价体系。简化基础研究财政类项目过程管理，持续推进减轻科研人员负担专项行动，整合精简各类报告，减少评估检查活动频次。

3. 构建高质量教育体系

百年大计，教育为本。广东全面推进教育高质量发展，扩大优质教育资源覆盖面，提高人才自主培养质量，推动广东由教育大省迈向教育强省，为强国建设、民族复兴提供人才和智力支撑。2023年以来，广东"一盘棋"推动基础教育高质量发展。深化基础教育综合改革，下达高质量发展奖补资金逾13.12亿元，支持29个基础教育高质量发展实验区、示范区试点工作。教师是立教之本、兴教之源。广东通过大力度改革、大手笔投入，打造高素质教师队伍。在统筹推进基础教育提质的同时，广东深化高等教育综合改革，引导高校科学定位、特色发展、争创一流，加快高等教育内涵式发展；深化职业教育提质培优，增值赋能，服务制造业当家和"百千万工程"等重大战略部署，推动职业教育迈入高质量发展。

2024年，广东省计划继续安排42.5亿元支持高等教育"冲一流、补短板、强特色"，加快建设一流大学和优势学科。广东205个学科入围ESI排名前1%，较2020年增长95.24%，增幅全国第一；24个学科入围前1‰，较2020年增长200%，增幅全国第一。职业教育全面推进高水平学校和专业（群）建设，深化产教融合、校企合作。高校是基础研究主力军和重大科技突破策源地。2023年，广东高校牵头获批6家全国重点实验室（含优化重组）、7家教育部重点实验室等一批高水平科研平台，立项建设8家卓越中心，不断增强"从0到1"的原始创新能力。高校也是促进乡村振兴可持续发展的重要力量。广东启动百校联百县助力"百千万工程"行动，首批省内82家高校院所与57个县（市）全部完成合作签约，近百所高校结成乡村建设规划高校联盟、乡村公共服务高校联盟、乡村产业发展高校联盟等三大联盟，为县镇村发展提供人才、智力和科技支撑。广东高校师生，以科技创新和社会服务为高质量发展注入源源动力。

4. 借力大湾区，构建基础科研合作新格局

统计数据显示，2022年，在全球经济形势充满不确定性的背景下，粤港澳大湾区生产总值突破13万亿元，依然保持强势发展。其中，广深港三地占大湾区生产总值比重超过65%。随着粤港澳大湾区建设的大力推进，创新资源要素在深港两地、珠江两岸、四大重要城市之间跨河、过江、越海、频繁流动、深度共享。目前湾区内已经形成了以生物制药、高端装备制造、人工智能、新材料等高新技术产业为主导的战略性新兴产业集群，

促成了科创资源的快速集聚和科创成果的井喷。

2023年，大湾区已建成34家国家级、71家省级国际科技合作基地，国家高新技术企业达5.7万家；专利授权量2021年超78万件，年增长率高达40%；科技财政支出占比基本维持在7%以上的水平，全社会研发投入增长率达14.52%。

具体到四个重要城市中，2022年，广州在"自然指数—科研城市"全球排名跃升至第10位，科技创新综合水平正"变量"转化为高质量发展"增量"。其高新技术企业、科技型中小企业数量分别突破1.23万家、1.67万家，双双创历史新高。不仅如此，2023年还有22家企业入选胡润全球独角兽榜，增量（比上一年度增加12家）居中国第一。而深圳作为国内最早探索创业投资和孵化本土创投行业的先行城市，2023年国家高新技术企业数量已突破2.3万家，仅2022年就新增2043家，提前实现了《深圳市科技创新"十四五"规划》中2.2万家国家高新技术企业的建设目标。与此同时，香港和澳门作为国家创新体系和国家战略科技力量的重要组成部分，也在拓展新的增长动力——科技创新。例如2022年12月发布的《香港创新科技发展蓝图》提出，到2032年，研发支出占本地生产总值比重从2022年的0.99%提升至2%，初创企业数增至约7000家，创科产业从业人员从4.5万余人增至不少于10万人。

通过协同建设发展，2022年，广东全省研发经费支出约4200亿元，研发人员数量、发明专利有效量、PCT国际专利申请量、高新技术企业数量等主要科技指标均保持全国首位。区域创新综合能力连续6年位居全国第一，"深圳—香港—广州"科技集群在全球创新指数排名中连续三年位居第二。

▼三 从科技强到企业强、产业强、经济强

1. 夯实企业创新主体"地基"

习近平总书记在主持二十届中央全面深化改革委员会第一次会议时强调，要"推动形成企业为主体、产学研高效协同深度融合的创新体系"，并在二十届中央财经委员会第一次会议时进一步强调"要加强关键核心技术攻关和战略性资源支撑，从制度上落实企业科技创新主体地位"。这进一步明晰了企业在高水平科技自立自强中的重要地位。新征程上，企业在建设现代化产业体系、推动高质量发展中肩负着新的责任使命。企业是现代化产业体系的基础性微观主体，也是国家创新体系的核心构成主体。相比高校、政府、社会大众等创新主体，企业具有离市场最近，对市场需求反应最灵敏、场景痛点把握最全面，适应市场需求进行创新的愿望最强烈，对科技创新成果转化和产业化的机制最灵活等突出优势。企业是产业体系核心构成单元和国家创新体系核心主体，强化其在科技创新中的主体地位，是构建现代化产业体系、提升国家创新体系整体效能、实现高质量发展的必然选择。

广东坚持把创新落到产业上、企业上、发展上，扎实推进科技创新强省建设。全社会研发投入94%来自企业，企业基础投入占全国企业基础研究投入的47.9%，拥有743家国家级专精特新"小巨人"企业……这是来自深圳的一组统计数据。①以高新技术企业、科技型中小企业为主体的科技企业群体，是广东提升区域创新能力、打造新发展格局的主力军。近年来，广东通过持续优化政策环境，促进企业承担重大科技攻关任务，推动

① 肖文峰、詹奕嘉、马晓澄等：《走一条更高水平的自力更生之路——广东奋力实现高水平科技自立自强》，《瞭望》2023年第47期。

产学研深度融合，不断强化企业科技创新主体地位，多措并举提升企业自主创新能力。南粤大地不仅涌现了华为、大疆、比亚迪、美的、格力等大型科技领军企业，还出现一大批补链强链的科技型中小企业，各领域高新技术企业集群有效支撑了战略性产业培育与发展。截至2020年底，广东拥有新型研发机构共251家，高新技术企业数量从2015年的1.1万家增长至5.3万家，企业总量、总收入、净利润等均居全国第一。[①]近年来，广东科技部门制定出台了"科创12条"、支持科技型中小企业研发工作方案、研发费用税前加计扣除相关政策及指引等，不断强化企业科技创新主体地位，加大企业研发支持力度。

在广东追求高水平科技自立自强的道路上，"全过程创新生态链"是一个关键词。全过程创新生态链发源于深圳创新发展的实践，后来被推广至全省。它囊括"基础研究+技术攻关+成果转化+科技金融+人才支撑"五大要素，环环相扣，互相加持，让广东科技创新不再局限于单一领域、特定环节，而是覆盖了从原始创新到现实生产力转变的全流程、各环节。以基础研究为例，作为全过程创新生态链的第一环，它是打开整个创新链条的"密码"。为加强基础研究能力，广东努力打造一支科技创新的"王牌军"。鹏城实验室、广州实验室是广东战略科技力量的典型代表。目前，广东构建起多层次实验室体系，建设以中国散裂中子源为代表的世界一流重大科技基础设施集群，集聚了一批领军人才、顶尖科学家。经过这些年的努力，广东科学研究"从0到1"的原创成果不断涌现：近年来，广东牵头或参与的多项研究成果入选"中国科学十大进展"。2023年，广东拥有超6.9万家高新技术企业，连续7年居全国首位；约7.6万家科技型中小企业，这些科技型企业创新动力足、能力强，激活了广东区域创新体系

---

① 《广东省科技创新"十四五"规划》，广东省人民政府门户网站2021年9月22日。

的"一池春水"。越来越多的广东企业承担起重大科技攻关任务。数据显示，在广东已实施的10批次重点领域研发计划项目中，企业牵头的占比超过53%，企业参与的超过90%，有效解决了一批产业关键技术问题。截至2022年底，广东共依托企业建立省级工程中心6648家，占总数的87.6%。[①]

以高新技术企业、科技型中小企业为主体的科技企业群体，已经成为广东提升区域创新能力、打造新发展格局的主力军。

2. 打通科技成果转化"闭环"

成果转化，是促进科技、产业、金融良性循环的关键环节。在强化原始创新的同时，广东也支持科技领军企业组建体系化、任务型的创新联合体，推动技术研发、成果转化和产业化，打通从科技强到企业强、产业强、经济强的通道。近年来，广东不断提升技术要素供给质量和能力，通过为科技人员赋权、当好"科学家经纪人"、强化市场需求构建服务体系等，努力打通科技成果转化"闭环"。根据科技部火炬中心网站公布的2022年度全国技术合同交易数据，2022年，广东全省技术合同登记金额为4525.42亿元，居全国第二；2021年，全省辖区内的高校院所科技成果转化合同总金额112.11亿元，珠三角国家科技成果转移转化示范区在科技部评估中获"优秀"等次。专项改革为科技人员赋权。完成成果转移转化891项，转化合同金额8.4亿元，其中，赋权261项，赋权成果完成转化234项，协议金额2.6亿元……这是包括暨南大学、广东省科学院在内的6家高校院所，参与国家职务科技成果赋权或单列管理改革试点取得的丰硕成果。赋权改革试点让越来越多的科研人员化被动为主动，大大提升了成果转化的速度和效率。

---

① 肖文峰、詹奕嘉、马晓澄等：《走一条更高水平的自力更生之路——广东奋力实现高水平科技自立自强》，《瞭望》2023年第47期。

广东省科技厅研究制定《广东省深化职务科技成果管理改革试点实施方案》《广东省高校和科研事业单位职务科技成果转化尽职免责认定工作指引》，扩大职务成果赋权和单列管理改革试点范围，建立职务成果转化尽职免责认定工作机制，进一步激发科研人员的创新积极性，助力破解高校院所职务成果转化中的"不愿转""不敢转"问题，促进科技成果更好、更快地实现转化和产业化。

当好"科学家经纪人"。在科技创新议题中有个比喻：原始创新是"从0到1"，科技成果转化是"从1到10"，科技成果产业化是"从10到100"。第一阶段主要是科研界的事，第三阶段主要是企业界的事。"广东持续推进产学研协同创新，全国首创的'三部两院一省'产学研合作大格局是广东科技工作的重点和亮点。截至2020年6月，全国已经有100多所知名高校，近一百个中国科学院、央企的科研院所与粤港澳大湾区内企业合作开展产学研活动，涵盖了电子信息、新材料、新能源、生物医药、装备制造、资源环境等新兴产业领域"[①]。2023年5月发布的《中国科技成果转化2022年度报告（高等院校与科研院所篇）》显示，广东省科学院2021年度技术转让（包括转让、许可、作价投资）、技术开发、技术咨询、技术服务等"四技"收入持续保持全省科研院所第一位，在全国2171家国立科研院所中排名第6位。

3. 构建良好创新生态

党的二十大报告强调，加强知识产权法治保障，形成支持全面创新的基础制度。要深刻认识广东高质量发展迫切需要知识产权支撑，知识产权在推动广东高质量发展中的作用不可或缺。要深刻认识广东坚持实体经济

---

① 中共广东省委党校（广东行政学院）：《走出高质量发展的广东路径》，广东人民出版社2022年版，第54页。

为本、制造业当家迫切需要知识产权。以制造业为主体的实体经济是实现高质量发展的基石，也是广东立省之本。

近些年，广东高起点培育发展新一代信息技术、高端装备等20个战略性产业集群，这些是知识产权最为密集、科技创新最为活跃、知识产权竞争更为激烈的产业，其在全球制造竞争中获得优势的关键更是靠自主知识产权的硬实力。要强化全过程创新生态链中的知识产权责任担当。党的二十大报告提出，形成具有全球竞争力的开放创新生态。2023年广东省政府工作报告提出，要加快构建全过程创新生态链，打造国际科技创新中心。知识产权是重要的创新资源、激励创新的动力、协同创新的纽带，知识产权保护是创新生态的重要组成部分，必须谋划和推进知识产权全链条与创新链产业链资金链人才链的有效融合协同，努力打造与创新发展相适应的知识产权生态链。

近年来，广东深入学习贯彻习近平总书记关于知识产权工作的重要论述精神，全面贯彻落实《知识产权强国建设纲要（2021—2035年）》，建立以省政府主要负责同志为召集人的知识产权战略实施工作联席会议制度，着力打通知识产权创造、运用、保护、管理、服务全链条，全面加强知识产权全链条保护，推动知识产权保护和促进工作持续走在全国前列。广东知识产权工作获得2022年度国务院督查激励，在2022年度全国知识产权保护检查考核中获"优秀"等级，知识产权地区发展指数和保护指数位列全国首位，为全省高质量发展作出应有贡献。2023年上半年，全省市场监管部门查处知识产权案件1713宗，案值1.2亿元，罚没0.6亿元。全省知识产权调解组织增至133个，办理案件2000宗。围绕20个战略性产业，建成13家国家级知识产权保护中心或快速维权中心，共办理专利快速预审案件2.1万件，快速维权案件1543件。全省发明专利有效量59.9万件，有效注册商标量809.3万件；PCT国际专利申请量累计26.9万件，均居全国首位。

2023年1至6月，全省专利和商标质押金额为613亿元，同比增长129.2%。新发行12单知识产权证券化产品，发行规模29.1亿元。[①]

[①] 参见《广东部署推进国家知识产权保护示范区建设推动全省知识产权保护工作开创新局面》，广东省市场监督管理局网站2023年10月17日。

第五章

坚持科技自立自强，建设更高水平科技创新强省

自党的十八大以来，广东深入学习贯彻习近平新时代中国特色社会主义思想，坚持以习近平总书记的重要讲话和重要指示批示精神统揽工作全局，抓住粤港澳大湾区建设和支持深圳建设中国特色社会主义先行示范区等重大历史机遇，在贯彻新发展理念、构建新发展格局上聚焦用力，推动广东经济社会平稳健康高质量发展。在新时代新征程上，广东必须牢记嘱托、砥砺前行，继续深入学习贯彻习近平新时代中国特色社会主义思想，牢记总书记对广东"在全面建设社会主义现代化国家新征程中走在全国前列、创造新的辉煌"的殷切期望，深入落实广东省委"1310"具体部署，坚持稳中求进，敢于担当作为，奋力谱写全面建设社会主义现代化国家的广东新篇章。

多年的奋力进取，广东在科技创新方面以优异成绩给党和人民提交了满意答卷，但是新时代要有新使命，新时代要有新作为，在全面建设社会主义现代化国家的新征程中，广东身上的担子格外重，既要在社会主义现代化建设中继续走在前列，做好"排头兵、领头羊"，也要积极响应国家发展战略，做好"压舱石、定星盘"。因此，如何"百尺竿头，更进一步"，建设更高水平的科技创新强省就显得尤为重要。

▼ 一 优化科技创新环境，提升科技创新能力

1. 完善产业环境制度建设

2008年，广东省政府出台《外商投资项目机床和压力成型机械进口税

收优惠政策调整》，以减少外资企业经营成本，客观上促进了外商企业在广东的发展与壮大；2015年6月，广东省商务厅颁布了《广东省鼓励进口技术和产品目录》，有利于引导引进国外先进技术和产品类型。但是，具体到落实有关与加强对跨国公司先进技术的承接与学习的政策、制度及法律法规相对缺乏。

制度政策是引导产业合理化、高度化发展的重要保障，营造良好的产业发展环境，完善产业制度与政策建设。首先，不断完善产业园区政策制度建设，产业园区是广东承接国际产业转移的主要空间集聚区，制定产业园区相关基础设施完善制度、同类产业良性竞争与交流合作制度等建设，以增强吸引国外高新技术产业入驻，并加强科技交流与合作。其次，完善外资企业相关法律制度建设，保护外资企业合法权益。法治化程度是当今社会文明化程度的重要标志，随着国际交流与合作的逐渐频繁，相关冲突也逐渐增多，加强法治建设，满足外资企业相关法律诉求，有利于提高广东的国际声誉，增强国际吸引力。最后，完善产业承接政策与发展规划，引导产业进行合理有序的流动与转移，同时也有利于解决信息不对称导致的低质外资企业盲目流入问题，提高外资质量，积极引进朝阳产业转入，以此推动科技创新。

2. 完善金融生态环境建设

健康的融资体制是经济发展的保障，产业转移、科技创新等各个环节离不开金融服务。健康的金融生态环境可以促进实体经济的发展，促进产业结构优化升级，分散科技创新风险。加强金融生态环境建设，提高其为实体经济发展服务的水平，为承接高新技术产业提供投融资服务。首先，规范金融市场行为。我国金融市场投机性行为猖獗，热钱大量流动，不仅不利于实体经济的发展，反而破坏了金融生态平衡与金融市场秩序。因此，需要不断完善金融监管体制与法律建设，促进金融环境健康发展。其次，完善金融服务平台建设，创新金融产品类型。目前，虽然以科技企业为主体的新三板企业数量广东居全国第一，但直接融资程度与发达国家相比仍然存在差距。因此，不断完善知识产权质押贷款服务、股权质押、保单质押等多种担保形式，吸引高新技术产业移入与发展。再次，建立完善的社会信用管理体系。完善的社会信用管理体系是金融生态环境改善工作的基础，因此，广东需要进一步完善社会信用管理体系，从而提升社会层面的整体信用等级，促进金融经济的和谐发展。互联网技术的发展为信用管理体系的建立提供了便捷，省政府可以通过互联网技术，创立信用管理平台，通过对个人状态的检测以及分析，综合评估出信用等级。政府可以与银行、民营企业进行合作，获得用户的相关信息，对存在还款不及时、欠贷不还行为的人进行重点标记，降低其信用等级，通过限制其消费的方式进行惩罚。对于存在严重信用问题的人可以依法采取强制措施，并且进行公布，能够在一定程度上抑制失信行为的出现。信用管理体系的完善能够改善金融生态环境，促进广东金融经济的和谐发展。最后，加大对金融风险的管控力度，提高金融资源配置效率。金融机构在运行过程中，监管部门工作不到位会提高金融风险发生的概率，进而影响到整个金融市场的平衡，不利于金融经济的快速发展。因此，政府需要加强对金融风险的管控力度，从而稳定金融市场的平衡，为经济的发展提供稳定的环境。在进行风险监测工作时，需要加强对相关工作人员的监督工作，确保工作人员按照相关规章制度工作。工作人员的高质量工作能够很大程度上降低风险发生的概率，从而稳定国内金融生态环境，促进金融经济的和谐发展。

3. 培养发挥全民创新意识

创新文化来自创新意识。培养全民创新意识，重视将人们的创造性改造为能力，有利于广东实现建设更高水平科技强省的目标。

实施青少年科学素质提升行动。全面提升青少年科学教育水平，激发青少年的好奇心和想象力，增强其科学兴趣、创新意识和创新能力，培育一大批具备科学家潜质的青少年群体，为加快建设世界科技强国夯实人才基础。将弘扬科学精神贯穿于育人全链条。坚持立德树人，实施科学家精神进校园行动，将科学精神融入课堂教学和课外实践活动，激励青少年树立投身建设世界科技强国的远大志向，培养学生的爱国情怀、社会责任感、创新精神和实践能力。实施科技创新后备人才培养计划。建立科学、多元的发现和培育机制，对有科学家潜质的青少年进行个性化培养。开展英才计划、少年科学院、青少年科学俱乐部等工作，探索从基础教育到高等教育的科技创新后备人才贯通式培养模式。深入实施基础学科拔尖学生培养计划2.0，完善拔尖创新人才培养体系。

实施农民科学素质提升行动。开展高素质农民和农村实用人才培训。加强农村实用人才培训基地、高素质农民培育示范基地等农民科学素质提升平台建设。开展农民职业技能鉴定和技术等级认定，加大高素质农民、农村电商技能人才、新型农业经营主体和服务主体经营者的培训力度，培养大批适应乡村振兴和现代农业发展需求的人才。加强农村科普体系建设。完善农村科普基础设施，强化农村中学科技馆、乡村学校少年宫等建设，提高流动科技馆、科普大篷车的巡展频率，建设一批科普教育基地。

实施产业工人科学素质提升行动。大力强化技能创新。开展"众创杯""创客广东"等创业创新大赛以及广东省职工职业技能大赛、粤港澳大湾区建设劳动和技能竞赛等多层级、多行业、多工种的劳动和技能竞赛。建设劳模和工匠人才创新工作室。发挥企业家提升产业工人科学素质的示范作用。弘扬企业家精神，提高企业家科学素质，引导企业家在爱国、创新、诚信、社会责任和国际视野等方面不断提升，做创新发展的探索者、组织者、引领者和提升产业工人科学素质的推动者。鼓励企业积极培养使用创新型技能人才，在关键岗位、关键工序培养使用高技能人才。

实施领导干部和公务员科学素质提升行动。加强科学素质教育培训。贯彻落实《干部教育培训工作条例》《公务员培训规定》，完善领导干部和公务员科学素质教育培训机制，把科学素质教育作为领导干部和公务员教育培训的长期任务和重要内容。加强前沿科技知识、全球科技发展趋势学习，突出科学精神、科学思想培养，增强把握科学发展规律的能力。大力开展面向基层领导干部和公务员的科学素质培训工作。在考核录用中落实科学素质要求。不断完善领导干部和公务员考核评价机制。在公务员录用考试、领导干部和公务员任职考察等工作中，强化科学素质有关要求。

▼二 加大科技创新投入，集聚科技创新人才

1. 完善科技创新资金保障机制

由政府主导的财政科技投入是研发投入的重要组成部分，是科技进步的支撑条件和经济保障，在整个科技投入资源配置及组织调控上具有调节和导向作用。

要坚持项目为王，完善资金保障机制。创新是引领发展的第一动力，财政资金是推动创新发展的重要支撑，而加强管理服务则是保障财政资金安全有效的有力抓手。重大科创项目是支撑广东省长远发展的战略性投资，也是公共财政保障的重点。为提升资金保障的效率和科学性，避免资金安排使用过程中出现投向分散、缺乏统筹、效率不高等问题，要做到以下几点。一是加强资金统一管理。按照"让资金跟着项目走，推动科研资金提质增效"的要求，加快建立"统一决策、统筹分配、强化管理"的资

金项目管理新模式，明确在省科技创新委领导下，新增重大科创项目资金按照"先谋事再排钱"的原则进行统一管理。二是优化资金管理流程。分类明确资金支持范围，从职能部门提出项目需求、省科创办审核建立项目库、财政部门评审下达资金、加强绩效管理和督导检查等方面，强化对资金的全过程管理。三是提高资金执行效率。对省科技创新委研究确定的重大事项，财政部门实施资金预算管理流程再造，加快预算评审和拨付进度，采用预拨资金等方式，推动科创项目尽快实施见效。

2. 持续深化改革，保障资金投入规模

为了切实保证科研经费的规范化、公开性和透明度，需要对科研项目管理、资金管理方式进行全方位改革。

首先，通过实施科技业务管理阳光再造行动，以分权制衡、权责统一的思想对科研项目管理进行改革。实行科研项目资金信息公开制度，规范项目预算编制，建立财务审计验收、绩效评价和责任追究制度。其次，广东长期存在原始创新能力不足等方面的短板，必须加强基础研究和核心技术攻关。财政科技投入应该主要用于支持市场机制不能有效配置科技资源的基础研究、社会公益研究等公共科技活动。具体可以通过加大对科技活动基础平台建设、高新技术等前沿技术领域及战略性产业的资金投入，还可以通过增加专项拨款、设立专门基金、提供贷款担保等方式鼓励支持高新技术的研发。最后，强化科学管理，提高资金使用效能。一是加强预算管理。按照"资金按项目安排，拨付按进度执行"的原则，加强财政科技资金统筹整合，全面做实项目库，提前做细项目绩效目标，不断提高预算编制的科学性和准确性。二是加强绩效管理。落实全面绩效管理要求，遵循科研活动规律，加强绩效评价，强化结果运用，有效提升科技经费配置效率和使用效益。三是加强督导检查。改进督查和考核方式方法，通过建

立预算执行定期通报机制、定期督查重大事项落实情况等方式，密切跟踪
问效，提高资金使用效益。

3. 集聚创新关键人才

人才战略是科技创新战略的重中之重，在全球化新范式孕育过程中，完善优秀人才的容留条件具有十分必要的意义。当前，广东的人才数量庞大，外流人才数量激增，但是总体而言高质量人才数量不足且分布不均匀，研究生及以上学历占比不高。2023年，在粤的两院院士仅为150人，在全国两院院士省份排名中仅排在第六名。同期江苏有513人，浙江425人，山东194人，湖南184人，安徽157人，这与广东在全国的发展地位相当不符。广州、深圳是高素质人才的聚集地，随着粤港澳大湾区的建立，湾区内其他城市吸引的高素质人才越来越多。但是，粤东西北的创新人才依旧严重不足。人才资源是科技创新的第一资源，高水平人才是在竞争日趋激烈的情况下制胜的核心战略资源。因此，广东需要引进大量高素质人才，提高研究生及以上学历在在职人员中的比例。全球化背景下建设粤港澳大湾区会促进高技术企业在湾区的落地，势必会缺乏技术人员。广东需要做到：

第一，培养创新型人才。创新型人才是兼具创新精神和创新能力的人才。经济和社会对创新型人才的需求是多样化的。培养创新型人才需要遵循人才成长和教育规律，改革教学方法，注重学思结合，让学生尽早接触到科学研究活动。利用产学研合作优势，在合作中推进人才培养，营造各类人才辈出的良好环境。通过政府提供补贴和出台优待政策，促进企业加强人力资源培训，培养本土人才。

第二，引进高层次人才。通过财政支持、制度创新和制度供给，为引进和留住人才提供优越的经济条件和研发环境。继续推进实施珠江人才

计划、扬帆计划等重大人才计划，启动实施高层次人才特殊支持计划，重点引进杰出人才、领军人才和青年拔尖人才，加快形成高层次人才集聚机制。此外，香港、澳门的国际化程度高，两地居民更倾向于共享大湾区红利，这一点为广东迅速吸引国际人才作了较好的铺垫。

▼三 激发创新主体活力，促进科技成果转化

1. 进一步强化企业科技创新主体地位

企业是最具活力的市场主体，是科技创新的重要推动者，是高质量发展的微观基础，对经济稳增长具有重要作用。对此，需要做到：

一是加强分类指导，健全科技企业梯度培育体系。健全"科技型中小微企业—科技型骨干企业—科技领军企业—世界一流企业"梯度培育体系。培育壮大科技型中小微企业，重点是"营造环境"，实施科技型中小微企业倍增行动，支持科技型中小微企业成长为创新的重要发源地。发挥科技型骨干企业引领支撑作用，重点是"提升能力"，支持科技型骨干企业更多参与国家重大科技决策，承担国家重大科技项目等。研究优化科技领军企业定位和布局，重点是"优化布局"，研究提出科技领军企业标准，筛选提出一批科技领军企业名单。加快建设世界一流企业，重点是"强化支撑"，引导企业持续加强研发投入，提高研发产出率，通过科技创新提升企业技术牵引和产业变革的创新能力。

二是完善资源配置机制，强化企业研发投入的主体地位。引导企业加大研发投入，特别是提高基础研究投入。推动研发费用加计扣除、高新技术企业税收优惠等惠企创新政策扎实落地。建立金融支持企业科技创新体系常态化工作机制，持续深化与金融机构等的合作，形成银行信贷、专题

债券、股票市场协同支持企业创新的金融手段。

三是构建企业主导的产学研深度融合机制，强化企业科技成果转化的主体地位。提升企业作为需求侧的成果吸纳能力和转化能力，健全产学研成果对接和产业化机制，加速推动高校、科研院所等产生的科技成果在企业转化并产业化。结合国家重大工程、国家重大任务设计一揽子重大应用场景，推动企业新技术率先应用示范。加快推进科技成果评价改革，完善分类评价机制。

2. 发挥专精特新中小企业特有优势

习近平总书记强调，中小企业联系千家万户，是推动创新、促进就业、改善民生的重要力量。希望专精特新中小企业聚焦主业，精耕细作，在提升产业链供应链稳定性、推动经济社会发展中发挥更加重要的作用。广东省工信厅的数据显示，截至2023年，广东累计培育创新型中小企业超4万家，专精特新中小企业超1.8万家。2023年7月14日，工业和信息化部公示了全国第五批专精特新"小巨人"企业认定名单，广东省658家企业入选，入围数量再创历史新高，占全国17.9%，累计培育超1500家，数量从全国第二跃居全国第一。

我们要充分发挥专精特新中小企业的"鲶鱼效应"，激励中小企业成为最活跃的创新群体。专精特新中小企业还有很大的创新潜力可挖，广东省迫切需要加快培育一大批掌握"独门绝技"、市场占有率高的专精特新中小企业，积极发挥它们的"鲶鱼效应"，通过竞争机制倒逼中小企业不断提升材料和零部件等的技术含量和产品品质，有效带动自身创新发展，有力推动产业转型升级，从而提高我们制造业的国内国际竞争力。

我们要进一步加强产业链上中下游协同创新，构建专精特新中小企业"千帆竞发"新局面。完善产业链上各类企业利益共享和风险共担机制，进一步推动更紧密的创新合作，更大范围、更宽领域、更深层次吸纳专精特新中小企业参与创新。一方面，引导行业龙头企业向中小企业开放品牌、需求、场景和应用，共享研发能力、仪器设备、试验场地等各类创新资源；聚焦产业发展的关键环节，在产品设计、材料开发、工艺开发等环节与专精特新中小企业开展协同攻关；推动越来越多的中小企业以服务外包、订单生产等方式融入行业龙头企业创新链和供应链。另一方面，积极鼓励专精特新中小企业开拓发展新技术、新产品、新模式，以细分性与灵活性弥补龙头企业的发展短板，反哺链主企业发展壮大，加快形成"分工合作、深耕细耘"的产业创新体系。

我们需要完善全方位创新政策支持体系，坚定专精特新中小企业"扬帆远航"的信心斗志。全面强化政策引导和服务保障，营造有利于专精特新企业走强走远的良好环境。不断完善财税支持、信贷扶持、融资渠道、创新研发、产业培育、数字赋能、人才服务、知识产权保护、市场开拓、质量品牌等政策。扩大专精特新中小企业相关政策的覆盖范围，将更多企业纳入政府培育名单中，支持有条件的中小企业优先进入新一代信息技术、人工智能、生物技术、新能源、新材料、高端装备、绿色环保等战略性新兴产业。

3. 加快科技创新成果转化

科技创新成果转化应以产业或企业实际需求为导向，解决企业实际技术问题，实现成果直接转化到车间。成果对接上突破传统供需简单对接，注重对接有能力帮助企业解决技术问题的供给方。转化方面注重人才的转化，解决企业既想要科技成果又想要持续"售后解决方案"的问题。重视成果转化中企业需求是目前最为重要的，应以需求为导向，围绕战略产业发展需要和关键核心技术攻关，加强高价值专利布局，并建立专利分级分类管理体系，从源头上提升成果质量。同时，应综合施策支持企业科技成果转化，发挥其在企业科研项目组织实施中的重要作用，支持企业牵头承担重大科研项目，并支持科技领军企业牵头组建体系化、任务型创新联合体，鼓励科技领军企业开放创新链、供应链应用场景，推动产业链上中下游融通创新。还应该深化科技成果赋权和授权力度改革，深入推进赋予科研人员职务科技成果所有权或长期使用权试点改革，并建立职务科技成果转化容错纠错机制，出台科技成果尽职免责配套政策，明确职务科技成果转化中勤勉尽责的义务和程序，充分激发科研人员的积极性。在科技成果转化对接上，应该积极引入专业分工细致、技术水平高的港澳科技服务机构，提升大湾区科技服务整体水平，并探索设立科技咨询、科技评估、技术转移服务机构认定资格，建立评价定级制度，择优支持示范性科技成果转化服务机构建设。

▷ 四　拓宽科技发展视野，锚定国际科技创新合作枢纽

习近平总书记强调，科学技术是世界性的、时代性的，发展科学技术必须具有全球视野。不拒众流，方为江海。自主创新是开放环境下的创新，绝不能关起门来搞，而是要聚四海之气、借八方之力。

粤港澳大湾区作为我国开放程度最高、经济活力最强的区域之一，在国家发展大局中具有重要战略地位，把握新发展阶段、贯彻新发展理念、构建新发展格局，打造世界级创新平台和战略高地，是国家赋予的特殊历史使命。粤港澳大湾区经过多年的创造积累，在中国具备领先优势，但还没有达到科技创新的高级阶段。粤港澳大湾区作为未来中国在全球竞争中

的创新载体和平台，加快打造世界主要科学中心和创新高地，率先建成国际科技创新中心，建设成为国际创新枢纽，为实现高水平科技自立自强和建设科技强国提供战略支撑。要实现上述目标，需要紧抓以下重点：

1. 加快建设国家科学中心与科技创新中心

《中华人民共和国国民经济和社会发展第十四个五年规划和2035年远景目标纲要》中"坚持创新驱动发展 全面塑造发展新优势""优化区域经济布局 促进区域协调发展"以及"坚持'一国两制' 推进祖国统一"三个篇章都强调了粤港澳大湾区创新布局。大湾区被赋予重要角色——国家战略科技力量的平台、高质量发展的重要动力源、区域协同发展的重大战略和支持港澳融入国家发展的桥梁，成为全国绿色转型标杆、探寻供应链协调发展的领先模式，成为国家高水平对外开放的平台。粤港澳大湾区加快建设国家科学中心，必须围绕国家战略布局，面向世界科技前沿、面向经济主战场、面向国家重大需求、面向人民生命健康，全面落实国家规划部署。以推动大湾区高质量发展为主线，以科技创新和体制机制创新为动力，以国际科技创新中心、世界主要科学中心、国家实验室、大湾区科技创新长廊为主平台，自主创新示范区为主阵地，打好关键核心技术攻坚战，构建开放创新生态，建设全球人才高地。强化粤港澳大湾区国家战略科技力量，加强基础研究，确立粤港澳大湾区在国家整体创新战略中的创新地位，基本形成以国家实验室、国家重点实验室、综合性国家科学中心、新型研发机构、高水平高校院所以及科技领军企业为主体的战略科技力量体系化布局。着力推进综合性国家科学中心建设，加快推进"广州—深圳—香港—澳门"科技创新走廊建设，优化大湾区国际科技创新中心建设格局，优化提升实验室体系。建设一流科研机构、高水平研究型大学和科技领军企业，强化战略科技力量布局，构筑国家重大创新动力源，加快打造原始创新技术的"策源地"。强化关键核心技术攻关能力，推动一批重大攻关成果示范应用，加强国际科技合作，发挥科研院所转制企业作用，提升共性关键技术研发服务能力，有效激发各类人才创新创造活力，更好促进高水平科技自立自强。基础研究突出原创，持续大力支持量子科学、脑科学、纳米科学、高端装备制造、新材料、人工智能、新一代通信、合成生物学、重大科学仪器设备等重点领域，确保全社会研发经费支出占地区生产总值比重、基础研究经费占全社会研发经费比重、顶级科学家和奖项获奖人数、在核心领域取得重要技术突破、引领性原创性研究发现等位于全国前列。

2. 加快形成开放互通、布局合理的区域创新体系

广东要深化与港澳科技创新交流合作，构建开放型融合发展的区域协同创新共同体，需要更好发挥港澳开放创新优势和珠三角产业创新优势，强化国际创新资源集聚能力、科技成果转化能力。科技创新不是简单的基础科学研究，更重要的是需要把产业和科学研究深度融合，科技创新要融入产业，就要加强区域间协调。产业有梯度，城市有分工，如基础科学研究、企业孵化地、研发、制造等，因此大湾区需要一个综合性的国际科技创新中心，依托区域的协同创新构建创新网络。在打造全球科技创新高地和新兴产业的过程中，要把握好四个关系。首先，要把握好广东与港澳之间的关系。当前香港拥有五所世界百强高校，基础科学研究成熟，但其科研成果也要落地。且港澳跟国际在产业、经济、科技创新的合作交流比广东更广阔，我们需要通过科技的方式去推动港澳融入国家发展大局。其次，4个引擎城市广州、深圳、香港、澳门之间应如何做好协同，把握好城市之间的差异和分工。再次，这4个引擎城市在科技创新成果转换以后或者已经进入大规模生产以后如何跟大湾区其他城市展开合作，就是科技

创新+研发制造+生产如何协同的问题。最后，打造区域协同创新共同体，还要加强大湾区跟国际网络的协同，要引入国际人才、科研机构，强化国际创新资源集聚能力，更好地融合全球创新网络。

3. 坚持着眼全球配置一流科创资源，深度融入全球创新网络

要深化国际交流与合作、构筑国际创新人才港、完善全方位科研服务以及塑造国际化高品质的科研生活社区，构建一个对国际人员具有强大吸引力并且能够留下来发展的国际化科研软环境。要坚持全球视野，紧密关注全球科技创新发展最新动态，关注跨国科技企业、国际科研机构的最新发展成果，关注国际科研人员的需求，以更开放的态度加强交流合作，保持与全球科技规则等深度衔接，成为全球创新网络中的关键枢纽节点。要发挥广东企业在全球生产制造、国际贸易、国际市场开拓等方面的经验与优势，鼓励企业加大全球创新投入力度，在全球创新网络中提升创新开发、创新生产、技术合作等价值链深度合作水平，在产品技术与质量通行标准、技术人才培育与评价、技术解决方案等领域努力掌控国际话语权以及提高国际影响力。支持企业积极融入或主导建设全球研发网络、全球产品创新网络、全球生产创新网络、全球市场创新网络，通过与跨国研发中心、知名科研院校合作推进原始创新、关键技术突破性创新，通过与产业链供应商、焦点企业乃至竞争对手的多层次互动获取先进技术、设备与产品，通过"中国技术+世界技术"的结合抢占国际市场行业领先者地位，壮大包括"科技型中小企业—独角兽企业—'专精特新'型企业—'链主'企业—跨国大企业"的创新型企业群体。

第六章

奋楫扬帆，广东开辟人才强省新篇章

发展是第一生产力，人才是第一资源，创新是第一动力。习近平总书记2021年9月在中央人才工作会议上指出，我国进入了全面建设社会主义现代化国家、向第二个百年奋斗目标进军的新征程，我们比历史上任何时期都更加接近实现中华民族伟大复兴的宏伟目标，也比历史上任何时期都更加渴求人才。因此，深入实施新时代人才强国战略，加快建设世界重要人才中心和创新高地，才能为全面建成社会主义现代化强国打好人才基础，才能为实现中华民族伟大复兴提供人才支撑。

2023年4月10日至13日，习近平总书记在视察广东时指出，广东是改革开放的排头兵、先行地、实验区，在中国式现代化建设的大局中地位重要、作用突出，寄望广东在推进中国式现代化建设中继续走在前列。

广东省委、省政府高度重视人才工作，积极加强人才工作建设。2021年11月，广东省召开人才工作会议，提出启动人才强省"五大工程"建设，即战略人才锻造工程、人才培养强基工程、人才引进提质工程、人才体制改革工程、人才生态优化工程；提出以在粤港澳大湾区建设高水平人才高地为目标，扭住"五大工程"精准发力，奋力开创新时代人才强省建设新局面。2023年6月20日，中国共产党广东省第十三届委员会第三次全体会议在广州召开，明确了"锚定一个目标，激活三大动力，奋力实现十大新突破"的"1310"具体部署，突出人才强省建设，为广东省新动能新优势提供强大智力支撑。坚持以习近平新时代中国特色社会主义思想为指导，全面贯彻落实党的二十大精神和习近平总书记视察广东重要讲话、重要指示精神，以建议办理工作为抓手，切实将制度优势转化为治理效能，全面激发改革开放创新活力，奋力助推广东省在推进中国式现代化建设中走在前列，需要我们重视人才在其中发挥的重要作用。

▼ 一 人才是国家兴盛之本

千秋基业，人才为本。人民群众身处实践最前沿，对实践变化感知最敏感、感受最深切，也最有智慧，只要走到人民群众中去，很多百思不得其解的问题就能豁然开朗、找到答案。回顾党的百年奋斗史，在中国共产党的领导下，我们在革命、建设、改革各个历史时期都取得了重大成就，完成了从站起来、富起来到强起来的伟大飞跃，发展成为世界第二大经济体，创造了令世界瞩目的"中国奇迹"。其成就离不开各时期的人才，离不开党对人才辈出、人尽其才良好氛围的营造。

1. 人才是自主创新的关键力量

人民是历史的创造者和书写者，人民的创造性实践是马克思主义理论创新的不竭源泉。走创新发展之路，要重视集聚创新人才。习近平总书记指出："推进自主创新，人才是关键。没有强大人才队伍作后盾，自主创新就是无源之水、无本之木。"

创新是第一动力，创新是兴国强国的必由之路。自古以来，中华民族始终坚持理论创新与实践创新相结合，思想、器物、制度到文化、技术、科技不断推陈出新形成了中华文明。在新民主主义革命时期，中国共产党人将马克思主义基本原理与中国具体实际相结合，在实践中开辟了农村包围城市、武装夺取政权的正确革命道路，创立了毛泽东思想，为夺取新民主主义革命胜利指明了正确方向；在社会主义革命和建设时期，中国共产党人结合新的实际形成了以《论十大关系》为代表的独创性理论成果，实现了一穷二白、人口众多的东方大国大步迈进社会主义社会的伟大飞跃；在改革开放和社会主义现代化建设新时期，中国共产党创造性地揭示了社会主义本质，提出了改革开放、社会主义市场经济、"一国两制"、建立经济特区等制度，解放思想、发展经济，成功开创中国特色社会主义道路，中华民族实现了从站起来到富起来的伟大飞跃；党的十八大以来，中国特色社会主义进入新时代，以习近平同志为核心的党中央把创新放在新发展理念的首要位置，始终坚持创新在我国现代化建设全局中的核心地位，解决了许多长期想解决而没有解决的难题，办成了许多过去想办而没有办成的大事，创造出令人刮目相看的人间奇迹，中华民族迎来了从站起来、富起来到强起来的伟大飞跃。因此，中国共产党的百年奋斗史，就是一部开拓创新史。党和人民取得的一切成就，不是天上掉下来的，不是别人恩赐的，而是通过艰苦奋斗、开拓创新得来的。创新是时代的主旋律，是时代精神的核心，也是决定未来长远发展的法宝。越是伟大的事业，越充满艰难险阻，越需要艰苦奋斗，越需要开拓创新。

习近平总书记指出："人才是创新的根基，创新驱动实质上是人才驱动，谁拥有一流的创新人才，谁就拥有了科技创新的优势和主导权。"人才是劳动者中具有较强才能或能够整合自身资源，为社会创造价值、带来积极效益的人。人才是创新的第一资源，是一个国家的核心竞争力，是一个国家发展的根本驱动力。在各类生产要素中，劳动要素是最为活跃的要素，即人是最活跃的因素，是价值和世界的创造者，人的创造活力的激发和释放是经济社会发展的最根本动力。人才能为国家发展提供强大智力支撑，只有积极实施人才发展战略，把劳动力优势转化为人才优势，提高社会劳动生产率，才能真正实现生产力的解放，体现社会主义的本质。

广东省高度重视人才战略，以人才强省推动创新，推动创新驱动发展战略落实。《2022年广东省科技经费投入公报》显示，全省共投入的研究与试验发展（R&D）经费由2018年的2704.7亿元增长到4411.9亿元，占地区生产总值比重从2.78%提升到3.42%，超过欧盟国家平均水平。《中国区域创新能力评价报告2023》显示，广东省区域创新能力综合排名七年蝉联首位，报告设置了评价区域创新能力的5个一级指标，广东的企业创新、创新绩效和知识获取3个指标排名全国第一，知识创造和创新环境指标排名全国第二，各维度均有较好表现。广东现已形成8个万亿级产业集群、3个5000亿级产业集群、7个千亿级产业集群、2个百亿级产业集群，同时20个战略性产业集群增加值占地区生产总值比重达四成。区域创新能力与人才密切相关，广东省经济快速发展的背后离不开其对人才战略的重视及其显著成效。《2022年广东省知识产权保护状况》白皮书显示，2022年，有效发明专利量达53.92万件，PCT国际专利申请量达25.76万件，连续多年保持全国首位。

当今世界，新一轮技术革命和产业革命突飞猛进，科技创新成为国际战略博弈的主要战场。我国已转向高质量发展阶段，习近平总书记指出："实践告诉我们，真正的核心关键技术是花钱买不来的，靠进口武器装备是靠不住的，走引进仿制的路子是走不远的。"面向世界科技前沿、面向经济主战场、面向国家重大需求、面向人民生命健康等问题，加强对各类人才的培养、吸引对问题的解决和实现自主创新具有决定性作用。在广东工业大学，省集成电路人才培养基地被获批设立，依托集成电路学院推进人才培养和基础研究，有力支持广东"强芯工程"，培养"中国芯"人才，积极攻坚"卡脖子"难题。

2. 人才是中华民族伟大复兴的重要高地

"办好中国的事情，关键在党，关键在人，关键在人才。"实践证明，中国共产党的百年奋斗史就是一部培养人才、团结人才、引领人才、成就人才，团结和支持各方面人才的人才建功史。正是因为中国共产党在各个时期都广泛凝聚各方面优秀人才，聚天下英才而用之，才使得中华民族实现了从站起来、富起来到强起来的伟大飞跃。

回顾党带领人民前进的辉煌百年，我们党谱写了一部救国史、兴国史、富国史、强国史。

鸦片战争拉开了中国近代史的序幕，中国陷入半殖民地半封建社会困境，无数仁人志士前赴后继，但均以失败而告终。十月革命一声炮响，给中国送来了马克思列宁主义，李大钊、陈独秀等一批杰出知识分子作为中国最早的马克思主义传播者，冒着生命危险，突破重重阻挠，为唤醒国民意识，争取民族独立和人民解放而不断斗争。在社会危机空前深重的背景下，中国共产党诞生了，使得中国革命的面目焕然一新，历经了土地革命战争到抗日战争、解放战争，无数革命烈士为救中国于危亡，不怕牺牲、英勇斗争，成立了新中国，谱写了救国史。

1949年，新中国成立了，迎来的是国家一穷二白、百废待举，以美帝国为首的西方资本主义国家对我国进行敌对和封锁的局面，面对千疮百孔的国民经济、错综复杂的国际环境，如何建设社会主义成为首要面临的重要课题。1950年6月，中央人民政府颁布《中华人民共和国土地改革法》，"耕者有其田"这一愿望在中国共产党人的领导下真正成为现实，消灭了我国延续几千年的地主阶级土地所有制。1953年6月，毛泽东提出将三大改造作为党在过渡时期的总路线，逐步实现农业、手工业以及资本主义工商业的社会主义改造。1956年，三大改造基本完成，陈云提出"三个主体、三个补充"，对国家计划与市场之间的关系作了思考，在今天仍然能展现其理论活力。至此，在党的带领下，集众智、干大事，成功建立起社会主义制度，实现了中华民族有史以来最为广泛而深刻的社会变革。面对严峻的国际形势，为抵制帝国主义的武力威胁和核讹诈，保卫国家安全，维护世界和平，大批优秀科研工作者投入"两弹一星"的研发中。1964年10月16日，我国第一颗原子弹爆炸成功；1967年6月17日，我国第一颗氢弹空爆试验成功；1970年4月24日，我国第一颗人造卫星"东方红一号"发射成功。他们创造了"两弹一星"的伟大奇迹，极大增强了我国国防科技能力，谱写了兴国史。

1978年，党的十一届三中全会拉开了改革开放的序幕，坚持解放思想、实事求是，坚持开拓创新、勇于担当，坚持开放包容、兼容并蓄，驱走了思想上的乌云，将思想力量转化为行动力量，极大提高我国人才积极性，促进我国经济发展。1978年，安徽省凤阳县凤梨公社小岗村开创了"包产到户"的家庭联产承包责任制。家庭联产承包责任制得到充分肯定并开始在全国推广与完善，极大盘活了农村经济，使许多农村地区脱掉了贫困的帽子，逐步走向富裕道路。1979年，一位老人在中国的南海边画了一个圈，设立了深圳、珠海、厦门、汕头经济特区。改革春风吹满地，被誉为中国改革开放"开山第一炮"的发生地——深圳蛇口，已经从昔日小渔村变身成了国际大都市。改革开放还在继续进行，改革不断深化，中国的国门只会越开越大，由无数时代人才谱写的富国史还在继续。

十八大以来，中国特色社会主义进入新时代，久经磨难的中华民族迎来了从站起来、富起来到强起来的伟大飞跃，我国社会主要矛盾已经由人民日益增长的物质文化需要同落后的社会生产之间的矛盾转化为人民日益增长的美好生活需要和不平衡不充分的发展之间的矛盾，必须解决不平衡不充分问题，实现高质量发展，习近平总书记突出强调"人才是第一资源"，强国史的撰写需要一代代薪火相传，需要一代代人才辈出。

百年大党求贤若渴、珍视人才的优良传统薪火相传，一代又一代优秀人才接续投身党和人民的伟大事业，继续在兴国、强国的历史画卷中写下动人精彩的篇章。

3. 人才是一个国家综合实力的重要体现

致天下之治者在人才。人才是衡量一个国家综合实力的重要指标，统筹推进"五位一体"总体布局，协调推进"四个全面"战略布局，每一个方面都离不开人才的强力支撑。人才是"国之重器"，在全面建设社会主义现代化国家，实现中华民族伟大复兴的新征程中，必须要聚天下英才而用之。当前，新一轮科技革命和产业变革迅猛发展，世界各国面临发展机遇和严峻挑战并存的局面，国际竞争愈加激烈，对高素质人才的需求也越来越大。各国之间开始争夺人才资源，如何聚天下英才而用之，营造识才爱才敬才用才的环境，建设世界重要人才中心和创新高地对于国家发展具有重要战略意义。

坚持树立大人才观，坚持人人尽展其才。海纳百川，有容乃大。三百六十行，行行出状元，行行有人才。尺有所短，寸有所长，每一个人都有各自的长处和优点。古人云："乘众人之智，则无不任也；用众人之力，则无不胜也。"发挥好每一个人的长处和优点，让人们各尽其能、各展其才，可以实现社会人力资源整体最优配置，对社会经济发展产生重大推动力。

人才对经济发展具有重要促进作用。人才是创新的源泉。在科技高速发展的时代，创新是推动经济发展的关键因素。只有具备创新思维和创新能力的人才，才能推动科技进步，引领产业变革。人才能敏锐感知市场需求变化，创造提供新的产品和服务，从而创造经济价值。同时，人才是提升国家竞争力的关键。一个国家的经济竞争力，取决于其产业的竞争力。产业的竞争力又来源于人才。具备高素质的人才能够提高生产效率，降低生产成本，提升产品质量，从而使企业在市场中更具竞争力。此外，人才还能促进经济的可持续发展。随着环境问题的日益严重，经济的可持续发展已经成为全球的共识。具备环保意识和创新能力的人才，能够推动绿色经济的发展，促进资源的有效利用和环境的保护。

人才对科技发展具有重要意义，科技是第一生产力，而科技发展依靠人才。作为第一资源与重要生产要素，人才对于科学技术的研发具有战略性意义。当今世界进入了第四次工业革命时代，全球科技创新进入空前活跃期，新技术革命正在加速学科交叉融合。随着科学技术和知识经济的发展，人才在经济和社会发展中越来越体现出基础性、战略性、决定性的作用。可以说，谁掌握了人才的制高点，谁就掌握了未来。无论是基础科学研究，还是应用科学研究，都需要人才进行探索和创新。通过研究科学现象，能进一步开发新的科学技术，推动科技的进步。人才是科技成果转化的关键。一项科技成果的落地应用，需要人才将实验室的研究成果转化为实际的生产力，要求人才对市场需求有深入的理解，对生产过程有丰富的经验，对管理有高效的策略。

人才对于文化传承与创新有重要意义。当今，传达中国声音成为重要议题，其中，提升国家软实力对传达中国声音具有重要意义。国家软实力的提升与人才资源具有密切关系。增强各国文化竞争力和影响力，离不开发挥人才的关键作用。当今世界，各国纷纷将文化产业作为战略性产业，国与国之间争夺国际文化市场的"热战"愈演愈烈，如何提升国家文化软实力，增强文化在国际上的影响力成为世界各国想要迫切解决的难题。本国文化能否"走出去"，不仅取决于本国的优秀传统文化本身，还有赖于拥有一批推动文化发展的专业人才。首先，人才通过学习、研究和传播，将传统文化传递给下一代。他们深入挖掘传统文化的精髓，让人们更好地理解自己的文化根源。其次，人才通过创新的方式，推动文化的进步和发展。他们利用现代科技手段，创作出新的艺术形式和作品；他们借鉴外来文化元素，丰富和发展本民族文化；他们关注社会现实问题，创作出反映时代精神的作品。正是由于人才的努力和创新，文化才能不断发展和进步。

人才对于军事领域的发展具有重要意义。人才是军队建设的核心，培养高素质专业化的军事人才是增强国家军事力量的关键。是否具备高度的政治觉悟、严格的纪律、高深的智慧和谋略、精湛的军事技能和丰富的实战经验等对战争胜败具有决定性作用。应加大对军事人才的培养力度，在维护地区和平稳定中发挥重要作用。

新中国成立70多年以来，中国共产党领导中国人民创造了经济快速发展的奇迹，使中国大踏步赶上时代，用几十年时间走完了发达国家几百年走过的工业化进程，跃升为世界第二大经济体，综合国力、科技实力、国防实力、文化影响力、国际影响力显著提升，人民生活显著改善。人才在经济、科技、文化和军事等领域中都发挥着重要的作用。他们是社会进步和发展的核心力量，也是国家竞争力和实力的体现。事实证明，良好的国家治理归根到底要依靠强有力的政党领导，更要依赖于各类人才的坚实支撑。

▼二 坚持人才强国战略

1. 坚持党对人才工作的全面领导

坚持党管人才是做好人才工作的根本保证。千秋基业，人才为本。

要实现中华民族伟大复兴，人才越多越好，本事越大越好。同时，习近平总书记多次强调要坚持党对人才工作的全面领导。2021年7月1日，习近平总书记在庆祝中国共产党成立100周年大会上的讲话中指出："新的征程上，我们必须坚持大团结大联合，坚持一致性和多样性的统一，加强思想政治引领，广泛凝聚共识，广聚天下英才。"

人才兴则国家兴，人才强则国家强。回顾党的百年历史，始终重视人才工作，坚持党对人才工作的全面领导成为我国人才事业发展的规律性认识，取得了历史性成就，发生了历史性变革。应继续加强对人才工作的政治引领，用党的科学理论武装人，用高尚的党员情怀感召人，全方位支持人才、帮助人才，千方百计造就人才、成就人才，以识才的慧眼、爱才的诚意、用才的胆识、容才的雅量、聚才的良方，着力把党内和党外、国内和国外各方面优秀人才集聚到党和人民的宏伟事业中来，努力建设一支规模宏大、结构合理、素质优良的人才队伍。

新的时代，新的使命。推动我国人才事业再上新台阶，要有大格局、大气魄、大眼界。加快建设世界重要人才中心和创新高地，是以习近平同志为核心的党中央着眼中华民族伟大复兴战略全局和世界百年未有之大变局，对新时代人才强国战略实施给出的新指向、新定位、新目标。这就要求我们站在历史和时代的高度充分认识人才工作的时代挑战和重要意义，完善党管人才的领导体制和工作机制，改进党管人才的方式方法，把各方面优秀人才集聚到党和人民的伟大事业中来。

坚持党对人才工作的全面领导，不是面面俱到、事无巨细，而是通过切实履行管宏观、管政策、管协调、管服务职责，确保人才工作把准大局、方向、战略、定位，使全社会各个方面构建符合人才成长发展规律、充分发挥人才作用的体制机制，建立使各类人才成长成才成功的政策体系。2021年《中国共产党组织工作条例》出台，设专章对党的人才工作作出规定，明确要求"形成党委统一领导，组织部门牵头抓总，有关部门各司其职、密切配合，用人单位发挥主体作用、社会力量广泛参与的党管人才工作格局"。在党的坚强领导下，我国人才发展顶层设计不断加强，党建工作和人才工作深度融合，形成自上而下的人才发展路线图，统筹推进人才队伍建设。

2. 坚持人才引领发展的战略地位

人才是创新的第一资源，人才资源是我国在激烈的国际竞争中的重要力量和显著优势。牢固确立人才引领发展的战略地位，确立人才优先发展的谋划布局，是对我国人才事业发展规律性认识的不断深化，是发挥人才为高质量发展提供有力支撑的现实需要，是实现中华民族伟大复兴的必然要求。

把人才资源开发放在最优先位置。一方面，要立足新发展阶段、贯彻新发展理念、构建新发展格局，推进人才的高质量发展，促进人才结构与经济社会发展的需求相匹配，引导科技创新人才面向世界科技前沿、面向经济主战场、面向国家重大需求、面向人民生命健康开展科技攻关。另一方面，要加大人才资源投入，提高研发经费投入，鼓励各社会主体参与到人才发展、培养机制中来，培养更高质量的党政人才队伍、企业经营管理人才队伍、专业技术人才队伍、高技能人才队伍、农村实用人才队伍、社会工作人才队伍。同时，要以更积极有效的人才政策完善人才政策实施体制机制，推出系列激励政策，实现"引育用留"各环节共同发力，让更多人才愿意来、能干事、留得下，为建成社会主义现代化强国和实现中华民族伟大复兴提供强大智力支持和科技支撑。

3. 坚持"四个面向"

坚持"四个面向"，明确服务社会培养方向。目前，全球新一轮科技革命和产业变革蓬勃兴起，人才资源竞争激烈，我们迫切需要一批高素质技术技能人才、能工巧匠、大国工匠，坚持面向世界科技前沿、面向经济主战场、面向国家重大需求、面向人民生命健康，为全面建设社会主义现代化国家提供人才支撑。

坚持面向世界科技前沿，支持和鼓励广大科学家和科技工作者紧跟世界科技发展大势，对标一流水平，根据国家发展急迫需要和长远需求，加强基础研究和应用基础研究，培养科技创新人才，完成从"0"到"1"的突破；加强人才代际培养，打造好前沿科技创新人才队伍，同时加强学科交叉，激发创新活力。当前，世界百年未有之大变局加速演变，以信息技术、新材料技术、新能源技术、生物技术等为代表的新一轮科技革命和产业变革发展迅猛，要打好关键核心技术攻坚战，加速科技成果向现实生产力转化，提升产业链水平。同时，要强化知识产权全链条保护，为创新成果提供全方位保护，促进创新要素自主有序流动、高效配置，让人才价值得到实现，让创新成果更好惠及人民。

面向经济主战场，要建设好经济紧缺人才队伍。从科技发展的趋势来看，我们正迎来第四次工业革命的浪潮，机遇与挑战并存。每一次科技革命都会给经济带来一个黄金发展期，抓住机遇，就能获得突破与发展。我国经济已由高速增长阶段转向高质量发展阶段，中国经济社会发展呈现出新趋势、新特征，经济结构转型升级，高新技术产业、新兴产业如雨后春笋，面对需求的转变，培养更多的高素质人才，对推动技术优势转化为经济效益、社会效能，更进一步助力产业优化升级，推动中国经济结构进一步优化，经济发展更高质量、更高效率、更可持续发展具有重要意义。

坚持面向国家重大需求，就是坚持问题导向。2020年9月，习近平总书记在科学家座谈会上的讲话中指出，"研究方向的选择要坚持需求导向，从国家急迫需要和长远需求出发，真正解决实际问题"。坚持面向国家重大需求，就是要想国家之所想，急国家之所急，努力破解国家发展的战略难题，在战略必争领域抢占科技制高点，寻求新的增长点，获得新的突破，为国家繁荣富强提供战略支撑力量。坚持面向国家战略需要，就是要使科技创新与党和国家同向同行，更加符合国家核心利益和重大需求，为经济社会健康可持续发展和国家长治久安服务。有了面向国家战略需求的科技创新力，国家的繁荣富强就有了充盈的底气。

坚持面向人民生命健康，就是坚持服务人民、造福人民，就是坚持科技以人为本、人民至上、生命至上。人最宝贵的是生命，守护人民生命健康需要加大对生物医学类人才的培育。2020年新冠肺炎疫情暴发，习近平总书记在主持专家学者座谈会上指出：科学技术是人类同疾病斗争的锐利武器，人类战胜大灾大疫离不开科学发展和技术创新。在后疫情时代，我们更需要重视科学技术和医学人才在疾病防治中的关键作用，呵护好人民群众的生命，维护好人民群众的身体健康，培育建设好生物医学人才队伍，构建人民生命健康领域的人才高地。

4. 坚持全方位培养引进用好人才

人才是实现民族振兴、赢得国际竞争主动的战略资源。在中央人才工作会议上，习近平总书记强调要下大气力全方位培养、引进、用好人才，并作出重要部署。当前，国际人才争夺日趋白热化。我国要实现高水平科技自立自强，归根结底要靠高水平创新人才。下大气力全方位培养、引进、用好人才，形成人人渴望成才、人人努力成才、人人皆可成才、人人尽展其才的良好局面，才能实现2035年跻身创新型国家前列、建成人才强国的战略目标。

坚持加强各类人才培养，加快构建科学的人才培养体系，着力培养更多适应高质量发展、高水平科技自立自强的各类人才。培养人才是国家和民族长远发展的大计，当今世界人才的竞争首先是人才培养的竞争。我们必须增强忧患意识，更加重视人才自主培养，发挥高校特别是"双一流"大学培养基础研究人才的主力军作用，全方位谋划基础学科人才培养，建设一批基础学科培养基地，培养高水平复合型人才；要制定实施基础研究人才专项，长期稳定支持一批在自然科学领域取得突出成绩且具有明显创新潜力的青年人才；要培养造就大批哲学家、社会科学家、文学艺术家等各方面人才。坚持用好用活各类人才，对待急需紧缺的特殊人才，要有特殊政策，不要求全责备，不要论资排辈，不要都用一把尺子衡量，让有真才实学的人才英雄有用武之地；要建立以信任为基础的人才使用机制，允许失败、宽容失败，鼓励科技领军人才挂帅出征；要为各类人才搭建干事创业的平台，构建充分体现知识、技术等创新要素价值的收益分配机制，让事业激励人才，让人才成就事业。要优化人才表彰奖励制度，加大先进典型宣传力度，在全社会推动形成尊重人才的风尚。

5. 坚持深化人才发展体制机制改革

深化人才发展体制机制改革，是构筑人才制度优势、实现高质量发展的战略之举。党的十八大以来，以习近平同志为核心的党中央坚持以"放权、松绑"为重点，推动人才发展机制体制改革向纵深发展，取得了积极成效，但人才工作中的行政化倾向、官本位思维尚未根本革除，人才领域"放管服"既存在"不愿放、不敢放"的问题，也存在"接不住、用不好"的问题，导致用人单位的主体权责难以有效履行。只有深入实施新时代人才强国战略，坚持人才引领发展的战略地位，坚持深化人才发展体制机制改革，破除人才引进、培养、使用、评价、流动、激励等方面的体制机制障碍，实行更加积极、更加开放、更加有效的人才政策，形成具有吸引力和国际竞争力的人才制度体系，才能聚天下英才而用之，让各类人才的创造活力竞相迸发、聪明才智充分涌流。

深化人才发展体制机制改革，要坚持问题导向，着力解决突出问题。人才怎样用好，用人单位最有发言权，要根据需要和实际向用人主体充分授权，发挥用人主体在人才培养、引进、使用中的积极作用；用人主体要发挥主观能动性，增强服务意识和保障能力，建立有效的自我约束和外部监督机制，确保下放的权限接得住、用得好；用人单位要切实履行好主体责任，用不好授权、履责不到位的要问责。只有为人才松绑，才能让人才创新创造活力充分迸发。要积极为人才松绑，完善人才管理制度，做到人才为本，信任人才、尊重人才、善待人才、包容人才；要赋予科学家更大技术路线决定权、更大经费支配权、更大资源调度权，同时要建立健全责任制和军令状制度，确保科研项目取得成效；要深化科研经费管理改革，优化整合人才计划，让人才静心做学问、搞研究，多出成果、出好成果。只有用好人才评价这个"指挥棒"，才能营造有利于激发人才创新的生态系统。要完善人才评价体系，加快建立以创新价值、能力、贡献为导向的人才评价体系，形成并实施有利于科技人才潜心研究和创新的评价体系。

6. 坚持聚天下英才而用之

不拒众流，方为江海。党的十八大以来，按照党中央部署，各地各部门各单位把握人才全球化新趋势新特点，实施更加积极、更加开放、更加有效的人才政策，创新方式方法，完善工作举措，大力推动人才国际交流合作，"近者悦，远者来"的引才用才格局进一步形成，我国逐步从世界最大人才流出国转变为主要人才回流国，正在成为创新人才高度集聚、创新要素高度整合、创新活动高度活跃的全球人才高地。要结合新形势加强人才国际交流，构建有效的引才用才机制，集四海之气，借八方之力，聚天下英才而用之。

实现中华民族伟大复兴，人才越多越好，本事越大越好。在全面建设社会主义现代化国家、向第二个百年奋斗目标进军的新征程上，深化人才发展体制机制改革，加快形成有利于人才成长的培养机制、有利于人尽其才的使用机制、有利于竞相成长各展其能的激励机制、有利于各类人才脱颖而出的竞争机制，把各方面优秀人才集聚到党和国家事业中来，形成人人渴望成才、人人努力成才、人人皆可成才、人人尽展其才的良好局面，我们就一定能为2035年基本实现社会主义现代化提供人才支撑，为2050年全面建成社会主义现代化强国打好人才基础。

▼三 奋力开创新时代人才强省建设新局面

《中共中央关于制定国民经济和社会发展第十四个五年规划和二〇三五年远景目标的建议》明确指出，将建成人才强国确立为我国二〇三五年基本实现社会主义现代化远景目标之一。在中央人才工作会议上，习近平总书记科学回答了新时代人才工作的一系列重大理论和实践问题，明确提出了新时代人才工作的重要战略目标——加快建设世界重要人才中心和创新高地，并擘画出一张分三步走的清晰路线图：到2025年，全社会研发经费投入大幅增长，科技创新主力军队伍建设取得重要进展，顶尖科学家集聚水平明显提高，人才自主培养能力不断增强，在关键核心技术领域拥有一大批战略科技人才、一流科技领军人才和创新团队；到2030年，适应高质量发展的人才制度体系基本形成，创新人才自主培养能力显著提升，对世界优秀人才的吸引力明显增强，在主要科技领域有一批领跑者，在新兴前沿交叉领域有一批开拓者；到2035年，形成我国在诸多领域人才竞争比较优势，国家战略科技力量和高水平人才队伍位居世界前列。同时部署在北京、上海、粤港澳大湾区建设高水平人才高地，为做好新时代人才工作指明前进方向。

广东作为改革开放的排头兵、先行地、实验区，因人才集聚而兴。改革东风起，"孔雀东南飞"，助力广东成为我国经济第一大省。党的十八大以来，习近平总书记对广东人才工作高度重视、亲切关怀、寄予厚望；2018年3月，总书记参加十三届全国人大一次会议广东代表团审议时，深刻指出"发展是第一要务，人才是第一资源，创新是第一动力"；2020年10月，总书记出席深圳经济特区建立40周年庆祝大会时，强调要实施更加开放的人才政策，聚天下英才而用之。2023年4月，习近平总书记再次视察广东，指出广东在中国式现代化建设的大局中地位重要、作用突出。要锚定强国建设、民族复兴目标，围绕高质量发展这个首要任务和构建新发展格局这个战略任务，在全面深化改革、扩大高水平对外开放、提升科技自立自强能力、建设现代化产业体系、促进城乡区域协调发展等方面继续走在全国前列，在推进中国式现代化建设中走在前列。

1. 专业技术人才队伍和技能人才队伍建设成效突出

广东坚持党管人才原则，扎实推进人才强省建设，广东省委、省政府高度重视专业技术人才队伍和技能人才队伍建设。截至2023年，全省专业技术人才、技能人才总量达2900万人，位居全国前列；全省高新技术企业、有效发明专利量稳居全国首位，区域创新综合能力连续7年排名全国第一。

在技能人才队伍建设方面，广东省现已高规格成立"粤菜师傅""广

东技工""南粤家政"三项工程领导小组，以实施"湾区人才"工程和
"乡村工匠"工程为抓手，不断深化人才发展体制机制改革，扩大人力资
源有效供给，为经济高质量发展提供强有力的人才支撑。同时，三项工
程成绩斐然。2022年9月29日，广东省人力资源和社会保障厅举行发布会
介绍，自三项工程实施以来，已累计培训855万人次，直接带动就业创业
282万人次。经过多年发展，广东已建成全国最大的现代技工教育体系。
截至2023年，广东全省技能人才达1979万人。与此同时，广东开发"粤菜
制作""粤点制作"职业技能等级标准，并纳入国家证书目录。技能人才
培养硕果累累，体现出广东人才培养的优越成效。在第44、45届世界技能
大赛上，广东共获得13金7银7铜10个优胜奖，金牌数和奖牌数均居全国
第一。

在专业技术人才队伍建设方面，广东省聚焦粤港澳大湾区建设打造
国际人才高地。2023年，广东省共有专业技术人才972万人，其中高层次
人才94万人。一是不断深化职称制度改革。制定35个职称制度改革方案和
评价标准，出台职称评审管理服务实施办法"1+5"政策文件，开展"乡
村工匠"专业人才职称评价，全面下放职称评审权限。打通高技能人才与
工程技术人才职业发展通道，2500多名高技能人才取得职称。二是加强博
士、博士后人才队伍建设。实施青年博士、博士后培养引进重点项目，加
快创新平台建设，打造创新创业赛事。省、市两级财政每年投入近20亿
元，加大对博士后的资助，为青年人才解决后顾之忧。全省共有博士、博
士后科研平台约1600家，在站博士后10280人。三是深化事业单位人事管
理改革。实施粤港澳大湾区（内地）事业单位公开招聘港澳居民管理办
法。制定省深化事业单位改革试点人员安置办法。完成2019年度省直事业
单位绩效考核。深入推进公立医院薪酬制度改革试点。四是全方位提升人
才服务水平。健全高层次人才"一站式"服务平台，发放优粤卡3139张，

推行人才服务"秒批"。建成各类人才驿站365个。开通全省统一门户网站"广东人才网"。推进粤港澳大湾区（广东）人才港建设。推动港澳人才在湾区资格认可和便利执业。建设广州、深圳国家级人力资源产业园，评定5家省级产业园。

截至2023年，全省专业技术人才、技能人才总量达2900多万人，位居全国前列。研发人员队伍壮大至135万人；全省高新技术企业、有效发明专利量稳居全国首位，有力支撑区域创新能力连续7年排名全国第一。广东这片改革沃土，已然成为群英荟萃之地，"智力引擎"动能澎湃。

2. 健全"引育用留"机制，汇聚多方英才

广东积极实施人才引进提质工程，以集聚全球人才为我所用，积极有效引进急需紧缺的高层次人才。在省级层面，广东健全引才用才机制，推进人才出入境和停居留便利，加大柔性引才力度。近年来，广东创新性推出"人才优粤卡"，持卡人可凭卡享受户籍办理、子女入学、社会保险、交通出行等14项服务，便捷办理停居留、出入境、工商登记等18类事项。另外，不断优化实施"珠江人才计划"等重大人才工程柔性引才引智，健全科技领军人才和创新团队引进培养使用机制，加快汇聚高端人才。着力打造便利人才要素跨境跨区域流动的良好环境，如大力推进"人才通"工程，逐步扩大跨境职业资格准入范围，放宽专业人才执业限制。

在广东，各个地区都在发挥自主优势积极引进人才，从上至下，都在吸引人才，开展"抢人大战"。如在粤港澳大湾区，广州推出《广州南沙新区创建国际化人才特区实施方案》定位融通港澳、接轨国际，实施人才引进重点工程计划。在深圳，前海印发《深圳前海深港现代服务业合作区支持人才发展专项资金管理暂行办法》，拿出真金白银，既奖励人才，也奖励"引才"。对科技领军人才、青年科技人才，给予资金帮助。

打造能留住人才的"环境生态"，广东为人才提供创新创业的机会和平台，积极推进一系列高端人才激励保障机制，探索建立首席科学家负责制等新的组织管理模式，下放科研项目直接费用调剂权，建立资金拨付绿色通道，让广东科研人员拥有更大的人财物支配权和技术路线决策权。广东也积极构建龙头骨干企业牵头、高校院所支撑、各创新主体相互协同的承载高层次人才的科技创新联合体。如今，已初步建立以鹏城实验室、广州实验室为引领，10家省实验室、30家国家重点实验室、430家省重点实验室、20家粤港澳联合实验室、4家"一带一路"联合实验室等组成的高水平多层次实验室体系，让科研人才有留下来的"生态土壤"。

广东积极推进做实做细人才服务保障工作，为人才提供良好的工作生活环境。例如，深圳投入1000亿元设立人才安居集团，让其负责建设人才住房，实施粤港澳大湾区"社保通"工程，完善港澳居民在粤参保政策，实现社保卡加载金融功能跨境使用，港澳居民在粤参加养老、失业、工伤保险达27.92万人次。

坚持不唯地域引进人才、不问出身培养人才、不求所有开发人才、不拘一格用好人才、不遗余力服务人才，从而打通"引育用留"全链条人才工作机制，对于广东省人才发展具有重要战略性意义。

3. 重大人才专项和人才工程成为靶向引才育才重要抓手

一个国家和地区的发展对人才的数量、质量和结构有着全面要求，如此庞大而丰富的人才需求首先要依靠自主培养。广东实施战略人才锻造工程，壮大支撑科技自立自强的重要力量，在新的高度挺起高质量发展的人才脊梁；实施人才培养强基工程，全面提升人才供给自主可控能力，推动各类人才如雨后春笋般竞相破土、茁壮成长。高水平技能人才培养体系为广东经济高质量发展提供有力的人才支撑。

"广东特支计划"遴选培养千余名本土高层次人才，"珠江人才计划"为广东省集聚高层次人才；"扬帆计划"重点支持粤东粤西粤北地区各市聚焦支柱产业，全方位、全链条打造引领产业发展的人才队伍；"粤菜师傅""广东技工""南粤家政"三项工程累计培训600多万人次，擦亮广东技能人才培育金字招牌。

在高层次人才方面，广东省组织实施的高层次人才培养计划（即"广东特支计划"），面向全省遴选支持一批自然科学、工程技术和哲学社会科学领域的高层次人才，确定36个领军人才、72个青年拔尖人才榜单项目，为"国家特支计划"选拔后备人才。为吸引外籍（境外）和有留学经历的博士毕业生来粤从事博士后研究工作，为广东省集聚储备一批青年高层次人才，自2016年起实施"珠江人才计划"海外青年人才引进计划（博士后资助项目），健全科技领军人才和创新团队引进培养使用机制，设立博士博士后人才专项计划，目前已引进全球前200名高校青年人才逾千人。同时，广东努力夯实高水平科技自立自强人才根基。创新人才举荐方式，制定关键技术领域和战略必争领域引才图谱，布局"卡脖子"技术科研攻关项目，带动集聚一大批海内外高层次人才攻关。

截至2023年，全年各级各类教育在校生2817.434万人。其中，研究生在校生20.96万人，2021年，广东建有博士后科研流动站177家、科研工作站647家，在站博士后超1.3万人，累计招收博士后4万人，均约占全国七分之一，各项指标稳居全国前列，基本形成了学科专业齐全、行业分布广泛、广东特色鲜明的博士后工作体系。

大力实施"扬帆计划"支持粤东粤西粤北人才集聚。从2012年开始，广东省围绕加快粤东粤西粤北振兴发展战略，启动实施"粤东西北地区人才发展帮扶计划"（即"扬帆计划"），为加快粤东粤西粤北振兴发展和产业转型升级提供了重要的人才支撑和智力保障。2020年4月，新一轮

"扬帆计划"重点支持粤东粤西粤北地区，根据"一核一带一区"区域发展格局，围绕本市重大发展战略、功能定位和产业布局，聚焦地方主导支柱产业或特色优势产业，省财政分3档连续3年每年给予入选项目2000万元、1500万元、1000万元资助，全方位、全链条打造引领支撑重点产业发展的人才队伍。湛江通过聚焦海洋产业关键核心技术瓶颈，成功引进海洋工程与智能装备研究团队等6个团队，给予专项资助1300万元。河源柔性引进农业领域高层次人才9人，全职引进高学历高职称高技能人才47人。汕头推进省实验室与香港大学联合招收培养10名化工专业博士研究生。

2023年，广东省推出国际及港澳台人才交流专项，由三个专题组成：专题一"重点高端外国专家"，专题二"海外名师"，专题三"粤港澳青年人才双向交流"。坚持以高质量发展为牵引，聚焦制造业当家、高水平科技自立自强、绿美广东生态建设等战略任务，围绕构建"基础研究+技术攻关+成果转化+科技金融+人才支撑"全过程创新生态链，着眼实行更加开放的人才政策，加快推进粤港澳大湾区高水平人才高地建设，促进吸引集聚一批大师、战略科学家、一流科技领军人才和创新团队、青年科技人才、卓越工程师、大国工匠、高技能人才。

广东已开始实施人才建设"五大工程"。一要实施战略人才锻造工程，壮大支撑科技自立自强的重要力量。着力构建战略科学家成长梯队，打造一流科技领军人才和创新团队，造就具有国际竞争力的青年科技人才队伍，培育支撑广东制造业高质量发展的卓越工程师队伍，在新的高度挺起高质量发展的人才脊梁。二要实施人才培养强基工程，全面提升人才供给自主可控能力。发挥高校人才培养主阵地作用、企业承载创新人才主体作用、重大人才工程牵引作用，推动各类人才如雨后春笋般竞相破土、茁壮成长。三要实施人才引进提质工程，集聚全球人才为我所用。精准链接全球一流人才，与时俱进优化引才路径，加快建设高水平多层次聚才平台，积极有效引进急需紧缺的高层次人才。四要实施人才体制改革工程，全方位释放人才创新创造活力。充分向用人主体授权，遵循规律积极为人才松绑，突出实绩完善人才评价体系，加快构建具有全球竞争力的人才制度体系。五要实施人才生态优化工程，营造拴心留人的人才发展环境。下功夫打造尊重人才、求贤若渴的社会环境，公正平等、竞争择优的制度环境，待遇适当、保障有力的生活环境，厚植人才发展沃土。

第七章

坚持人才引领驱动，建设世界高水平人才创新高地

CHAPTER7

▼ 一 人才引进与流动

1. 以广阔视野集聚国内外人才

栽好梧桐树，引来金凤凰。聚天下英才而用之，就是要广纳天下有才之士，把国内外优秀人才牢牢地吸引、聚集在党的周围。广招四方英才、集聚华夏大地，就是要面向全球进一步加大人才开放力度，要以国家经济社会发展需求为导向，聚焦国家重大战略，实现人才发展与经济建设、政治建设、文化建设、社会建设、生态文明建设的深度融合;同时还需要为人才的引进创造良好的生活环境，激发广大人才心向往之的渴望。

加大引才力度，集聚国内外人才。当前，世界正面临百年未有之大变局，按照党中央部署，要把握人才全球化新趋势新特点，实施更加积极、更加开放、更加有效的人才政策。海外高端人才回国意愿强烈，我国逐步从世界最大人才流出国转变为主要人才回流国，必须牢牢把握住海外人才"回流"的机遇，坚持积极的人才对外开放政策，通过改变组织运营方式，加强数字化转型，打造国际人才培养及交流平台，积极集聚全球各类优秀人才。以开放的环境集聚国际化人才，追踪国际发展前沿，使全球创新资源得到更充分的利用，为打造创新人才高度集聚、创新要素高度整合、创新活动高度活跃的全球人才高地提供人才支撑。

在珠三角地区，2019年9月，广州市教育局等五部门针对职教人才不足的问题印发了《广州市职业教育高层次人才引进办法（试行）》，该办法为广州市"广聚英才计划"子项目"羊城工匠计划"的配套实施文件，目的是加快发展现代职业教育，开辟引进人才的绿色通道，满足职业教育事业单位对高层次人才的迫切需求。在引进对象上，政策覆盖"拥有丰富行业经验，且在用人单位开设的专业相关领域掌握先进核心技术的大中型企业（工厂）技术带头人"。

在粤东地区，汕头充分利用海内外潮团资源广泛宣传发动，借力美国硅谷、洛杉矶，英国伦敦，加拿大温哥华4个海外人才工作联络站，以及在北京、广州、杭州、青岛建成4个国内人才工作联络站、潮籍博士联谊会、中科协海智计划汕头工作站海外分站等机构团体，做到以侨引才、以潮引才、以才引才。

在粤西地区，湛江推动海洋产业人才振兴计划，以涉海平台建设推动涉海人才集聚，打造高水平海洋领域科研平台，比如国家中药现代化工程技术研究中心海洋中药分中心、湛江湾实验室等，为促进海洋产业人才发展提供高质量平台。

2. 以国家重大需求为导向引进紧缺型人才

打造世界人才聚集的创新高地是当前人才工作的重要内容，创新人才集聚是实现创新发展的前提，要以助推国家经济高质量发展的需求为导向，牢牢树立"创新人才"的理念，并将其置于引进人才资源的核心位置。针对海外高层次人才引进，要坚持"靶向引才"原则，坚持"四个面向"，积极利用全球创新资源，精准引进"高精尖缺"人才。

营造有国际吸引力的人才软环境。建设有利于人才发展的人才软环境，对于提升人才竞争力、涵养富有创新力的人才生态系统有着不可替代的作用。人才软环境涵盖了人才发挥作用所需要的核心条件，如知识更新和再学习的文化环境、信息交流环境，施展才能所需要的产业和行业地位，开展工作所需要的人际关系环境甚至生活习惯等。

广东省抓住国家发展重大战略机遇，紧紧围绕"双区"建设、"双城"联动、横琴粤澳深度合作区和前海深港现代服务业合作区建设等战略部署，在高新产业，广东省人民政府办公厅印发的《"数字湾区"建设

三年行动方案》提到，充分激发数字技术创新动能。加快粤港澳大湾区
国际科技创新中心、综合性国家科学中心建设。积极推动港澳创新资源
参与信息技术领域省实验室建设，加快推进大湾区交叉研究平台和前沿学
科建设，加强数字领域核心技术攻关。以河套为试点，开展生命健康、人
工智能、大数据、先进制造、新能源等产业数字化合作。支持广州、深圳
推进国家新一代人工智能创新发展试验区和国家人工智能创新应用先导区
建设，打造人工智能技术创新策源地。2023年，《中共广东省委　广东省
人民政府关于新时代广东高质量发展的若干意见》明确提出要推进以需求
为导向的科技攻关，实施基础与应用基础研究十年"卓粤"计划，完善基
础研究稳定多元投入机制。深入实施省重点领域研发计划，推进"广东强
芯"工程、核心软件攻关工程。深化科技体制改革，在科研组织方式、创
新要素配置、成果落地转化机制等方面探索创新。

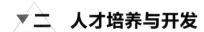

二　人才培养与开发

1. 回答好为谁培养人、怎样培养人的问题

习近平总书记指出："我们要从党和国家事业发展需要出发，以更高
的站位、更宽的视野发现人才、使用人才、配置人才。"我们比历史上任
何时候都更加接近中华民族伟大复兴的目标，我们也比历史上任何时候都
更加渴望卓越的人才。立足新发展阶段，深化人才成长培养机制的首要前
提是明确为社会主义服务这个根本方向，在人才培养的各个环节树立为国
家发展、社会进步、人民幸福服务的观念意识。广东精准服务全省经济社
会发展战略，已推动全省技工院校与100多家世界500强企业及国内800多
家大型企业合作。

要加强党和政府对人才的宏观调控，同时积极发挥市场配置人才资源的基础性作用，特别是要积极探索开放灵活的人才培养体制机制，建立人才结构调整与经济结构相协调的动态系统，深入推进人才培育、引进、任用等各项工作，为经济社会发展提供坚实的人才保证和智力支撑。2021年4月1日，《深圳市优秀科技创新人才培养项目管理办法》正式开始施行，提出了"梯队培养"理念，将人才培养的重点放在了有能力的青年群体上，尤其是对申请的年龄结构进行了优化，将博士启动项目的申请年龄调整为"未满32周岁"，优青项目申请年龄调整为"男性未满35周岁，女性未满37周岁"，杰青项目申请年龄调整为"未满42周岁"，同时简化了申请审批手续，调整了项目资助强度，强化了对个人的监管和服务，形成了一整套的青年人才培养体制。

扎实推进人才发展体制机制改革，在选人用人工作中突出为经济社会发展的需求导向，培养一批又一批为国家和民族长远发展服务的顶尖人才。培养国家需要的高精尖人才，回答好培养什么人的问题。我们要在重点行业努力造就一批具有世界影响力的顶尖核心科技人才，稳定支持一批创新团队，培养更多高素质技术技能人才、能工巧匠、大国工匠，构筑集聚全球优秀人才的科研创新高地，推动全球核心技术和人才的充分交流互动。

中国特色社会主义进入新时代，我们党团结带领人民进行伟大斗争、建设伟大工程、推进伟大事业、实现伟大梦想需要更多优秀人才。2021年5月28日，习近平总书记在中国科学院第二十次院士大会、中国工程院第十五次院士大会、中国科学院第十次全国代表大会上的讲话中指出："要更加重视青年人才培养，努力造就一批具有世界影响力的顶尖科技人才，稳定支持一批创新团队，培养更多高素质技术技能人才、能工巧匠、大国工匠。"这要求我们继续坚持"不求所有，但求所用"的原则，深化人才成长的培养机制，转变人才开发观念，以更长远的眼光、更有效的举措，及早发现和帮助优秀人才成长，为党和国家事业发展注入新的生机活力。

2. 完善人尽其才的使用机制

治国经邦，人才为急。人才资源的合理使用，与党和国家各项建设事业息息相关。伴随着时代进步和事业发展，社会各行各业对人才的要求越来越高，不拘一格用好人才，大胆选拔、任用具备真正能力的优秀人才，方能更好地促进人才资源的利用配置，进一步推进人才结构和分布的合理化。习近平总书记指出："要树立强烈的人才意识，寻觅人才求贤若渴，发现人才如获至宝，举荐人才不拘一格，使用人才各尽其能。"这要求我们树立正确的人才选用导向，完善人尽其才的使用机制，创造更加开放、更加高效、更加合理的人才使用环境，全面提升人才使用效率。

全面用好各类人才。"人才难得，轻视不得，耽误不得。"我国当前人才类型主要分为以教师、科研人员等为代表的知识型人才，以工程师、程序员等为代表的技术型人才，以及以党政机关、企业单位管理者为主要代表的管理型人才三大类。对于知识型人才，要完善人才服务机制，突出知识创新、理论创新在生产生活中的重要地位，并在此基础上将知识创新与技术创新结合起来，推动知识成果的创造性转化；对于技术型人才，要完善人才考核机制，不仅推动技术型人才的技能成熟化、熟练化，也要适时地开展考核，助力技术型人才间的良性竞争，推动技术创新；对于管理型人才，要完善人才管理机制，不仅要重视管理者管理行为与管理活动的有序开展，同时也要重视管理者在管理过程中对自身的合理约束，增强行为与活动的有效性与信服度。

重点用好高层次战略人才。深入实施人才强国战略的关键在于用好高层次战略人才，要将最重要的人才放在正确的位置上才能发挥最大效用。

围绕国家重点领域、重点产业，组织产学研协同攻关，打造大批一流科技领军人才和创新团队；要优化领军人才发现机制和项目团队遴选机制，对领军人才实行人才梯队配套、科研条件配套、管理机制配套的特殊政策；要造就规模宏大的青年科技人才队伍，把培育国家战略人才力量的政策重心放在青年科技人才上，支持青年人才挑大梁、当主角。

▼ 三 人才评价与激励

1. 完善人才评价

近年来，广东省深入实施人才强省战略和创新驱动发展战略，聚焦完善评审标准、改进评价方式、下放评审权限、强化监管服务、加强评价使用等五个方面，实施多维度改革创新，加快形成科学化、规范化、社会化的人才评价机制，为用人主体放权松绑，激发人才创新创业活力。

中央《关于深化职称制度改革的意见》《关于分类推进人才评价机制改革的指导意见》出台后，广东省制定了《关于深化职称制度改革的实施意见》，结合发展实际，强化人才品德的首要地位，强化创新能力导向，强化工作业绩评价，积极推进人才评价内容的科学化并重点关注人才的职业道德，通过个人述职、考核测评、民意调查等方式全面考察人才的职业操守和从业行为，实行职业道德失范和学术造假"一票否决"。

打破"唯论文、唯职称、唯学历、唯奖项"的"四唯"现象，强化工作业绩评价。增加对行业发展的影响力、推动产业和经济社会发展等业绩贡献指标，如不将论文作为评价应用型人才的必要条件，对职称外语和计算机应用能力不作统一要求。同时，建立职称评价标准的分级制定机制和动态更新调整机制。

建立灵活多样的评价机制，推行面试答辩、考核认定、考评结合、实践操作等多种评价方式；坚持分类评价，根据不同职业特点和不同职业人才成长规律，广东省采取不同的管理模式和评价方式，分领域、分系列推进改革。对需求迫切、条件成熟的高校教师、医疗卫生、工程技术、知识产权专利、工艺美术等系列专业开展正高级职称评审。深入实施基层卫生技术人才职称评审改革，实行定向评价定向使用，重点考核基层服务水平和解决基层实际问题能力。

突出简政放权，激发用人主体评价活力。广东省充分调动和发挥行业协会、专业组织、用人单位等多元评价主体作用，推进人才评价从体制内到体制外、从政府主导到社会参与的转变。实现向人才智力密集的事业单位、新型研发机构和行业龙头企业、不同层级政府部门、社会组织放权。2017年起广东将高校教师职称评审权全面下放至高校，实行高校教师职称自主评审，向广东省科学院全面下放职称评审权限，在广东省中医院等事业单位开展职称自主评审试点。2020年，卫生等12个职称专业的副高级职称评审权下放至广州、深圳，中小学教师副高级以下职称评审权分别下放至各市和县区。

加强监管，强化对评审全过程的监督，突出评价使用衔接，推动单位用人自主权落实，为客观公正评价人才提供机制保障。一方面，积极对评价各环节进行全链条监管。实行评前评后"双公示"，评前评中"两指导两监督"制度，强化职称评审委员会和评委专家管理，对自主评审单位开展备案管理，严肃评审纪律。另一方面，优化职称评价服务。建立职称自主评审的备案公开机制和联系沟通机制，为自主评审单位及时提供政策指引和服务；创新性提出职称申报不与人事档案管理挂钩等举措，简化申报手续和审核环节。

打破所有制界限，把评价对象由传统体制内专业技术干部延伸到各种所有制的人才，明确在粤就业的台港澳专业技术人才和符合条件的外籍专业技术人才纳入广东省职称服务范围。其中，珠海市积极推进港澳职业资格互认，近两年珠海市技师学院已帮助澳门培训两地通用的"可编程序控制系统"设计师62名。

2. 激发人才创新创造力

引进人才，拥有人才，不能束之高阁，而要用好人才、用尽人才。当前，我国人才工作站在一个新的历史起点上。"容"人尽其才，要有容才之量，要有容错的气度。容许人才施展才华，干出实绩。坚持用人所长，不断增强人才"八仙过海，各显神通"的活力。在形成有利于人才成长的培养机制之上，更要形成有利于人尽其才的使用机制，最大限度地激发和释放人才创新活力和潜力，使各类人才的创新活力充分迸发，为当前社会经济发展提供强大支撑和智力保障。真正让人才来得了、待得住、用得好，为人才施展才能、实现事业梦想提供广阔的人生舞台。

一方面，要合理配置人才资源，大力激发人才潜能。习近平总书记指出：要从党和国家事业发展需要出发，以更高的站位、更宽的视野发现人才、使用人才、配置人才。人才并非"十项全能"，而是术业有专攻，只有结合人才特点，合理配置人才，发现其长处，找到其优势，才能使各类人才找到属于自己的"赛道"，更好地激发人才的潜能。我国在人才环境、人才发展体制机制、人才队伍结构方面都取得了长足发展，但也存在一些不容忽视的问题。在人才布局方面，一线城市及长三角、珠三角等经济发达地区人才比较集中，而西部和艰苦边远地区人才相对匮乏；人才专业结构配比不均衡，人才岗位匹配不足，学非所用、用非所长等现象存在。合理配置人才是用好人才的关键，需要树立大局意识，着力提升配置人才的科学化水平。在配置人才过程中要坚决遏制引才中的恶性竞争，提高人岗匹配度，避免人才的无序流动。

另一方面，还要善举善用各类人才，不断提高人才创造活力。善识人才、善用人才，激发人才潜能是留住人才的关键所在。金无足赤，人无完人。人才既有长处也有短处，因而用才不能求全责备，既要识才所长，也要容才所短。因此，对于人才的留用方面，既要做到"知人"，也要做到"善用"。用人前要先了解人才的性格、能力、特长、缺点，然后再"精准定位"，将人才放在合适的位置上，科学、合理、准确地使用人才，让人才最大限度地发挥自己的积极性、主动性和创造性。切不可用"放大镜"找缺点，用"显微镜"看优点，要善于通过教育引导，帮助其发现并克服缺点，做到扬长避短、以长克短。

▼四 人才服务与保障

1. 大力营造识才、爱才、敬才、用才的良好环境

想要充分激发人才创新创业活力，提高人才竞争力，就要大力营造识才、爱才、敬才、用才的良好环境。保障人才的合法权益，形成更好的社会环境，要向全社会传递求贤的诚意、纳才的胸怀、爱才的决心。只有这样，才能真正做到以事业留人才、以待遇留人才、以情感留人才。

激发工作热情，靠事业留住人才。美国心理学大师马斯洛提出了著名的需求层次理论。他将人的需要由低到高划分为五个层次，其中最高层次的需要是个人自我实现。人生在世，每个不平凡的个体都有一番成就丰功伟业的雄心壮志。用事业留住人才，就是要让引进来的人才对企业和自身的未来充满信心，感受到企业的发展前景，自觉地将企业的发展作为自己的立身之本。因此，用事业发展"拴心留人"，最根本的是要依靠企业自

身的发展。企业要结合自身实际，以宏伟的目标振奋人心、凝聚人气、感召人才，使人才体会到自身工作的意义与价值。人才者，总是以孜孜以求的态度全身心地投入事业之中。但如果没有给他们提供施展身手的舞台，没有干事业的良好环境，即使其他条件再优渥，也难以留住人才。所以，要使人才有创业的机会、干事的舞台、发展的空间，形成企业发展与人才成长同频共振的良好环境。

在珠江三角洲地区，作为广东省平原面积最大的地区，有全球影响力的先进制造业基地和现代服务业基地，是中国参与经济全球化的主体区域，全国科技创新与技术研发基地，全国经济发展的重要引擎，南方对外开放的门户，辐射带动华南、华中和西南发展的龙头，是中国人口集聚最多、创新能力最强、综合实力最强的三大城市群之一，有"南海明珠"之称。珠三角地区应该进一步发挥区位优势，以良好的基础吸引、培育人才，促进人才质量稳步提升。江门市作为粤港澳大湾区的重要节点城市，于2019年1月正式发布《关于进一步集聚新时代人才建设人才强市的意见》，使人才发展环境不断优化。

在粤东地区，汕头颁布《关于我市加快人才发展的实施意见》，着力营造人才生态环境，为人才感受区域产业氛围、建立产业朋友圈搭建平台，更为技术成果、资本信息和人才资源之间的互动整合开辟通道，形成与省域副中心城市更匹配的虹吸能力、辐射能力是其下一步努力方向；汕尾面对机遇和挑战，把握深汕特别合作区建设的良好机遇，坚定不移走人才强市之路；潮州破解人才发展难题，需要激发城市建设活力，以政策创新作为抓手，柔性引进、刚性落实，优化整合各类资源。

在粤西地区，茂名近几年实现交通、经济和科技大发展，成为广东常住人口增长的"黑马"；湛江颁布《关于深化人才发展体制机制改革打造北部湾人才高地的实施意见》，为持续发力打造人才发展广阔前景助力；

阳江、云浮需要进一步优化人才成长进步的环境，健全和完善人才政策，加大招才引智和人才培养力度，发挥人才在推动阳江加快发展中的作用。

在粤北地区，各地市皆针对目前的短板，精准治理，稳步提升，朝着让人才真正感受到环境的温度作出努力。

2. 保障人才待遇，健全完善人才服务机制体系

完善人才保障，靠待遇留住人才。一方面，对于各类人才，在政治待遇与经济待遇上要一视同仁，要重视和提高人才的政治地位，把优秀人才纳入领导干部培养对象中，把优秀人才选拔到各级领导班子中。通过设立特殊贡献基金、政府特殊津贴、科技进步奖，奖励有突出贡献的人才，增强各类人才的荣誉感、获得感和幸福感。另一方面，要进一步改善各类人才的生活待遇，帮助他们解决工作、学习、生活以及配偶就业、子女入学、住房等方面的困难和问题，保障他们应有的工作条件和生活条件。

优化服务质量，靠情感留住人才。一方面，要建立完善的人才服务机制体系，提供更加主动、热情、周到、个性化的服务，用情感投入和人文关怀留住人才，在全社会形成尊重知识、尊重人才的良好氛围，让引进来的人才感受到社会的温暖，产生对"家"的依赖。另一方面，在鼓励成功的同时，也要接纳人才在工作当中的失败，让他们能够在失败中尽快站起来，继续前进，获得成功；要创造一个相对宽松的社会环境，让高层次人才能够专注于自己的事业，心无旁骛；还要有识才的慧眼、爱才的诚意、用才的胆识、容才的雅量、聚才的良方，让更广泛的人才集聚到党和人民的伟大事业中。

第八章

以教育、科技、人才一体化发展支撑广东现代化建设

CHAPTER8

党的二十大提出"教育、科技、人才是全面建设社会主义现代化国家的基础性、战略性支撑"的科学论断，勾勒了教育、科技、人才"三位一体"创新发展新格局新蓝图。对此，广东省积极响应中央号召，在中共广东省委十三届三次全会中指出，要一体化推进教育强省、科技创新强省、人才强省建设。教育、科技、人才一体化发展是指以总体性视角规划教育、科技和人才事业发展，优先发展教育，以高质量教育为人才培育、科技创新赋能，与此同时，以人才驱动科技创新，推动科技赋能教育发展，从而实现教育、科技、人才三领域的相互融通、相互促进的状态。党的二十大以来，教育、科技、人才一体化发展得到了更广泛的关注，广东省在推进教育、科技、人才一体化发展的过程中，取得了一系列实践成效。在科技领域，广东省科技自立自强迈上新水平，为教育、人才发展增添新动力。在人才领域，新时代人才强市建设扎实推进，发放人才绿卡1890张。在教育领域，新增公办基础教育学位14.5万个，完成75所"公参民"学校治理，为教育、人才发展提供资源保障。①但由于教育、科技、人才一体化系统内部结构的复杂性，广东省在推进教育、科技、人才一体化发展的过程中还存在一定的提升空间，具体表现为：教育、科技、人才的价值取向有一定差异，教育、科技、人才一体化发展的协调机制有待完善，教育、科技、人才一体化发展的政策效果难以检验、存在不确定性等。而鉴于教育、科技、人才发展的系统性，有必要从理论引领、制度保障、过程管理、主体驱

---

① 广州市人民政府办公厅：《2023年广州市政府工作报告》，广州市人民政府网站2023年2月1日。

动等维度综合施策。

一　理论引领：坚持科学理念指导

理论是行动的先导。理论内核的深度决定了教育、科技、人才一体化的构建高度。先进的理论能够为教育、科技、人才一体化发展指引正确的方向，为教育、科技、人才一体化发展提供精神动力。历史与现实证明，在党的科学理论的指导下，广东省不断开拓教育、科技、人才发展新局面。因此，教育、科技、人才一体化系统的构建也需要从理论认知上下功夫，既要正视教育、科技、人才一体化系统内部各要素发展的差异性和共性，树立大教育观、大科技观和大人才观，以科学理念指导各领域深入发展，逐个突破各领域发展短板，又要以系统思维统筹教育、科技、人才领域的联动，推动三者有机衔接和相互补充。

1. 树立大教育观

"大教育观"概念涉及的教育不是狭义的学校教育，而是广义的教育。也就是说，教育渗透于社会生活的方方面面，在场域上不局限于学校，而是涵括各个组织、机构和场所，在时间上贯穿人的一生。教育更是与外界有着密切联系，影响着人们的工作和生活。而大教育观就是在充分认识到教育特性的基础上，自觉建立起教育与人才、科技等方面的联系。大教育观具体包括三个方面：一是教育对象的主体性；二是无时空阻隔的育人过程；三是教育的系统性。大教育观突破时空、地域以及学科专业的禁锢，有助于打破学校与学校之间、学校与外界社会的藩篱，促进学生的有效流动，整合教育资源，开阔学生视野，克服将教育发展分割成块带来的弊端。

要树立大教育观，可以从如下几个方面入手。首先，尊重学生的主体地位，通过组织校内学生开展创新创业的实践活动，培养学生自我管理和敢于创新的意识和能力。在大教育观视角下，学生不仅是参与教师知识传授活动的客体，更是教育教学活动的主体。教育教学活动要围绕学生的认知特点，灵活选择教育形式与方法，营造对话式、翻转式课堂，进行头脑风暴，挖掘学生的创新观点与看法。与此同时，注重搭建校内创新创业平台与活动，发挥学生组织的带头作用，积极引导学生参与学校组织的创业活动，并对参与相关活动的学生定期培训，为有创新创业意向的学生提供指导，使学生在参与创新创业活动中，增强科技创新意识和科技转化能力，服务于教育、科技、人才一体化发展事业。其次，注重产教融合、校企合作，提升学生与社会的对接能力。《国务院办公厅关于深化产教融合的若干意见》提出"逐步提高行业企业参与办学程度，健全多元化办学体制，全面推行校企协同育人"。1998年高考改革后，学校与行业分离度增加，伴随而来的是企业需求与学校教育不适应的问题。这意味着，与社会需求脱离的教育难以培育出适应现实社会创新发展要求的人才，教育、科技、人才一体化进程受阻。对此，教育特别是高等教育要以技术研发、人力资本等工作实际需要为导向，促进教育职能的丰富与转变，教育特别是高等教育的职能不仅是知识传承，更重要的是发挥知识创新以及将新知识投入社会产业应用的作用。此外，教育还需要以社会产业发展的实际问题为着力点，遵循应用研究与基础研究相互促进的原则，构建校企合作平台，加强高校与企业合作，面向高校招揽创新型人才开展企业实习，提升企业研发效率，从而助推教育、创新型人才与科技的有机转化。最后，整合校内校外的课程资源，增加应用型知识的比重，增强教育内容的系统性。

2. 树立大科技观

习近平总书记指出"科技兴则民族兴，科技强则国家强"。科技创新不仅有利于促进社会产业革命，提高社会生产效率，而且科技创新能力作为综合国力竞争的决定性因素，有助于提升综合国力，是促进国家和社会兴旺发展的重要利器。由此可见，科技本身与国家和社会密切相关。而大科技观正是建基于科技属性及其效能的科学理念，主要是指以促进科技效能转化、推动经济和社会发展为目标，以培育公民大科技素养为落脚点，树立科技一盘棋的思想，从整体性视角谋划全社会的科技工作，围绕以企业为重要主体的科技成果转化和创新体系建设，统筹安排资源，使科研资金投入最优化，科研效益最大化。培育大科技观是推进教育、科技、人才一体化的关键环节，能够为科技创新奠定认知基础。

习近平总书记在中共中央政治局第三次集体学习时指出"世界已经进入大科学时代"。在大科学时代，更要树立大科技观。一方面，要培育公民的大科技素养，指包括社会科学素养、技术与工程素养、数学素养、信息素养、数据素养、人工智能素养等在内的大科技素养。随着数字经济的深入发展与人工智能的广泛运用，大科技素养中的数字素养、信息素养和人工智能素养的重要性日益凸显。其中，数字素养主要是指对数据的收集、整理、归纳、处理和运用的能力；信息素养主要是指对收集、分辨、筛选、评估所需信息的能力；人工智能素养是指公民根据自身需求运用可移动或可穿戴设备等人工智能技术开展生产生活实践的能力。树立以数字素养、人工智能素养和信息素养为核心的大科技素养有助于公民在繁杂的信息中打破"信息茧房"桎梏，去粗存精，将数字和信息的价值最大化，并运用人工智能创造性地解决问题。另一方面，要跳出"分科之学"的窠臼，形塑整合人文社会科学、工程学、数学、技术等学科的科学与技术文化，增加交叉学科的学术话语。科学技术不仅仅指涉学校教育所划分的科学门类，事实上，只要够得上一门学问的，并且被实践检验为正确的，即是科学。纯粹地强调"分科之学"，会使公民缺乏整体的"科学"概念，难以形成系统化的知识体系。因此，广东省学校教育应树立大科技教育愿景，把校外科普教育与校内科技教育结合起来，开展交叉学科教育实践。早在1922年，梁启超就在《科学精神与东西文化》的演讲中批判了"分科之学"，形成了大科技观的雏形。当代倡导建立大科技教育的愿景顺应了学科发展的大趋势，继承和发展了先贤的相关论述，有助于推进全面科技素养的提升和全社会科技教育的质量。

3. 树立大人才观

从古至今，人才向来是事业发展的根本与灵魂。斯大林曾指出："人才，干部是世界上所有宝贵的资本中最宝贵最具有决定意义的资本。"从这一论述可以看出，人力资源是第一资源，人才更是推进教育、科技、人才一体化发展的根本动力。在人才的运用问题上，传统的人才观讲究人才是特定单位所有，人才自由流动受限，因而容易出现某个行业人才奇缺，而另一个行业人才积压的失衡现象。而大人才观强调打破人才地区、单位所有的限制，主张实现人才资源共享，促进人才自由流动，使人才资源社会化，人人尽展其才，才尽其用。大人才观的树立，有利于打破人才壁垒，使人才充分发挥其所能，减少人才浪费，促进人才在多个社会领域的广泛流通，使人才走向学校、走向市场、走向社会，从而为教育、科技、人才三大领域的相互融通开辟切入点。

要树立大人才观，首先，要确立人皆可成才的理念。确保人力资源共享的前提是人力资源的充足供给。而人才又是分层次、分领域的。推进教育、科技、人才一体化发展，是一项宏大而复杂的系统工程。该工程的顺利开展，必要的人力资本投入固然不可少。因此，要建设一支充满活力、素质优秀以及数量充足的人才队伍，就需要积极倡导人人皆可成才的理念，从更大范围发现和选拔人才，不仅要对拔尖人才适当倾斜，调动他们的积极性与创造性，而且要对普通人才付之耐心，积极培养进而大力扶持，促进各类人才尽快成长，不能"一骑绝尘"，而要"万紫千红"，努力形成人才辈出的良好局面。其次，确立"才为我所用"的观念。一个单位专业人才数量往往是有限的，专业覆盖也是有限的，而往往一些专业或领域的突破与创新，需要引进足够的高水平人才。但由于高水平人力资源的稀缺性，在多数情况下引进其他单位或部分的人才具有一定难度，也不切合实际。这是因为强制引进其他单位的高水平人才往往需要支付高额的物质补偿，并且必须试图突破"人才壁垒"。鉴于此，可以在不改变人才单位的情况下，与高水平人才单位进行合作性研究，打破各部门或各单位各自为战的格局，借助外部人力资源"为我服务"。最后，放眼世界，实行更加开放的人才引进政策，积极参与国际人才竞争。人才的挖掘不能满足于已有的国内人力资源，而应当自觉拓宽视野，走出国门，引进国外先进人才，补充国内人才缺口。这样不仅有助于丰富国内人力资源，而且能够在与国外人才的交流与学习中，吸收优秀的思想文化成果，引进国外的先进技术，促进国内人才素养的提升和国家人力资本竞争的实力，从而为教育、科技、人才一体化发展补充新动力。

4. 树立系统观念

习近平总书记指出："系统观念是具有基础性的思想和工作方法。"系统观念认为一切事物都具有系统的属性。每个系统都整合了若干相互制约、相互依存的要素，它们朝着共同的目的形成一个相对的整体，且任何一个事物都属于一个系统之中。系统观念强调，要从事物各要素以及总体与全局的联结上找出事物发展的规律、建立秩序，实现整个系统的优化。坚持以系统观念统筹教育、科技、人才一体化发展，有助于看清教育、科技、人才的关系，以联系、发展的眼光去看待教育、科技、人才领域出现的问题，从全局出发安排好教育、科技与人才领域的各项工作，置整个一体化发展工作于一个良性循环的状态下，并制定出可行的一体化发展举措，从而建立起有预见性的、系统的、有层次的教育、科技、人才一体化系统。

要树立系统观念，统筹教育、科技、人才一体化发展，首先，必须加强前瞻性思考。科学预测未来教育、科技和人才领域的发展走势，蕴藏其中的挑战和机遇，抓好战略谋划，要利用现代科技，通过定量与定性的综合集成，洞察教育、科技、人才领域的新变化，做到求变、识变、应变的有机统一。与此同时，切实抓住教育、科技、人才领域的机遇，应对其挑战，于变局中开新局。其次，要加强对教育、科技、人才工作的全局性谋划。习近平总书记强调，要"在把握战略全局中推进各项工作"。在推进教育、科技、人才一体化发展的过程中，广东省要坚持系统观念，关键就在于自觉从大局看问题，善于将教育、科技和人才各领域的问题放入大局中进行思考，做到各领域的发展服从服务于三者一体化发展的大局。再次，加强对教育、科技、人才一体化发展的战略性布局，既要突出重点，又要兼顾、带动全局。以教育发展为例，教育不能盲目地仅仅满足知识传授，还要坚持创造新知识、培育综合素养人才、推动科技创新的目标，并以此目标统筹教育内容、过程与方式，促进教育推动科技创新、人力资本发展的应然转化为现实。只有加强战略性布局，处理好教育、科技、人才的重大关系，教育、科技、人才一体化发展才能走得更远。最后，加强整体性推进，从全局和系统观念出发，多措并举、整体施策，促进教育、科技、人才等领域的全过程协调推进。在教育发展上，实现教育发展质量、规模和结构的统一；在科技创新上，坚持以科研理论突破为基点，以新理论实践转化为归宿，使科技创新成果更多在社会中普及，更多地惠及民众；在人才培育上，更加突出各领域人才培养的系统性、综合性与全面性，增进人才的培育质量。

▼二 体制机制保障：创新教育科技人才一体化发展的体制机制

教育、科技、人才一体化发展的体制机制是指为促进教育发展、科技创新以及人才培育与运用三者之间有机协调、相互促进而实施的一系列组织管理制度、人员安排、保障措施、配套机制等，是推进教育、科技、人才领域均衡发展的重要一环。党的二十大报告强调，"深入推进改革创新，坚定不移扩大开放，着力破解深层次体制机制障碍"。作为教育、科技、人才"三位一体"系统建设的重要保障，"三位一体"系统建设的体制机制创新有助于跨越和打破教育、科技、人才领域的壁垒，促进三者之间的协同发展，以充分发挥人才的主体作用、科技创新的驱动作用以及教育的育人作用，并使三者效能同向作用于一体化发展。教育、科技、人才一体化发展的体制机制创新是一项复杂的系统工程，需要创新发展"三位一体"系统建设的整合、动力、保障等体制机制。

1. 创新一体化发展的整合体制机制

整合体制机制是教育、科技、人才协同发展的重要基础。"整合"是指将多个不同种类的事物与要素进行组合以形成能力的举措。整合体制机制通过协调、沟通等方式，使子制度或子系统互相联系、互相促进，从而形塑合理的结构，实现体制机制效益的最大化。教育、科技、人才一体化发展的整合体制机制主要包括目标整合体制机制、资源整合体制机制、结构整合体制机制等。教育、科技、人才一体化发展的整合机制体制创新有助于克服制约资源整合与教育、科技、人才有效衔接的体制机制性障碍。

要创新整合体制机制，首先，需要完善目标整合机制体制。目标是特定主体以一定方式或手段开展特定实践活动所预期达到的结果。目标是主体行动的向导，确定主体实践的总体方向。一般而言，当总体目标较为宏大时，就需要将总体目标细分为多个子目标。而在具体操作过程中，为了确保总体目标的实现，就必须通过整合等方式，协调总体目标和子目标达成一致。广东省教育、科技、人才一体化发展作为一个系统性存在，其总体性目标主要是以教育、科技与人才的协同发展推进中国式现代化建设，但是，其一体化发展内部各子系统也发展其子目标，需要依据广东省内教育、科技、人才领域的具体发展情况而定，但总的而言，要重视各领域发展子目标的协调与整合，使其更好地为总目标服务。其次，发展资源整合机制体制。必须破除各种制约资源整合的体制与机制性障碍，最关键的是打破目前发展资源的条块分割的障碍，探索资源合理流动和共享的有效途径。与此同时，在体制上加快制定区域科教资源整合的区域性政策、法规和协作约定等，创新教育、科技、人才领域的资源产出、资源共享与成果转化应用机制，资源的创业融资机制以及人才配置机制等。再次，创新结构整合体制机制。结构整合包括打破原有系统内部的不合理结构，以协同发展的理念调整和创新系统结构。教育、科技、人才一体化系统的结构整合，有助于推动各领域协调分工，将教育、科技、人才内部各要素与环节有机衔接起来，满足教育、科技、人才一体化发展的需要。教育、科技、人才一体化发展的结构整合，需要从以下几个方面入手。第一，优化整合教育结构，以推动创新型人才培养与科技效能实现转化为导向调整原有课程结构，增设实践课程，实现理论知识、实践活动的全面融合。第二，促进各环节的有序衔接。教育、科技、人才系统内部各要素不是任意组合，而是有着明确角色定位与任务分工。需要在全面掌握教育、科技、人才三大系统内部各要素职能的基础上，优化系统对外沟通合作的要素布局与对接工作，从而使教育、科技、人才三大领域之间有序衔接。

2. 创新一体化发展的动力体制机制

教育、科技、人才一体化发展的动力体制机制主要是指在推进三者协调发展的过程中，影响其发展的动力和机理。教育、科技、人才一体化发展的动力机制可以分为内部动力和外部动力机制。其中，内部动力是推进教育、科技、人才一体化发展的根本动力与决定性因素，主要包括教育主客体对于教育、科技、人才协同发展的诉求；外部动力则是促进教育、科技、人才一体化发展的辅助性因素，主要包括社会需要、外部环境、政策鼓励等因素。只有对内外部动力因素优化组合，生成推动教育、科技、人才一体化发展的合力，才能达到三者建设稳步前进，最终推进广东省现代化建设的目标。

要推进教育、科技、人才一体化发展，创新内外联动的动力体制机制。首先，需要优化健全内部动力体制机制。教育、科技、人才一体化发展的内部动力体制机制包括个体需要动力和利益驱动机制。其中，根据马斯洛的需求层次理论，个体需要除了较低层次的生理需要与安全需要等，还有自我实现、自我超越的高级需要。教育、科技、人才一体化发展的驱动主体只有具备了包括尊重、自我实现等高级需要，才能够唤起驱动主体对于推进教育、科技、人才一体化发展的责任意识和使命意识，教育、科技、人才一体化发展才会有强大的内驱力，这是因为教育、科技、人才一体化发展的落实要靠人民来实现，缺乏对推进一体化发展的内在需要，会降低一体化发展的成效。要增强教育、科技、人才一体化发展行动主体的内驱力，就必须唤起其自身的高级需要，促使其主动投身于教育、科技、人才一体化发展中，成就自我。此外，还需要完善利益驱动机制。在推进教育、科技、人才一体化的进程中，不同行动主体的目标和利益存在差异，例如，高校的外部动力体制机制，外部动力主要包括政策鼓励、社会环境驱动、市场竞争等。以政策推动利益就在于学校美誉度和人才培养质量的提升，而企业的利益在于实现经济利益的一体化。因此，要寻求教育、科技、人才一体化发展主体的利益契合点，厘清一体化发展过程中主体的共同利益，以共同利益调动主体投身一体化发展的能动性与积极性。

其次，创新外部体制机制。广东省政府提出"实施促进创新链产业链融合发展行动计划"，积极推动"领军企业+产业园区+大院大所"协同创新，倡导建立健全"产业界出题、科技界答题"机制。广东省政府的这些政策主张都为推进教育、科技、人才一体化发展提供了政策依据，极大地推进了教育、科技、人才一体化发展进程。从社会环境驱动的体制机制看，广东省政府积极营造重视基础研究、精准化培育人才以及鼓励创新创业的社会环境，为推进教育、科技、人才一体化发展提供了良好的社会氛围。从市场竞争动力体制机制看，随着全球化进程的推进与全球市场的开辟，市场竞争日趋激烈，对人才、教育质量以及科技创新能力提出了更高要求。然而，部分广东高校还存在社会需求与人才培养同质化的结构性矛盾，难以适应社会追求实现高素质人才培养与科技创新的需要。因此，要重视市场竞争导向，以市场要求改革教育、科技、人才工作，提高人才的综合素质，提升科技的社会转化率，改进教育内容与教育方式，提升教育内容的社会适应性和应用性，从而使教育、科技、人才工作协同进步，满足社会发展需要，为推进广东省现代化建设贡献力量。

3. 创新一体化发展的保障性体制机制

教育、科技、人才一体化发展顺利、平稳的推进离不开其保障体制机制的优化与创新。保障性体制机制是推进教育、科技、人才一体化进程的重要组成部分，其包含经费、队伍、制度、组织、监督等保障。保障性体制机制的确立与创新是教育、科技、人才一体化发展常态化、可持续化的重要保证。要充分发挥保障性体制机制的效用，就必须将其贯穿于教育、科技、人才一体化发展的全过程中，促进保障性体制机制的各方面内容充分落实。因此，要完善保障性体制机制，使之为教育、科技、人才一体化工作赋能，可以从以下几点着手。

第一，加强组织保障。组织是推进教育、科技、人才一体化的重要主体，为一体化发展提供了平台与阵地。教育、科技、人才一体化发展涉及学校、企业、政府等多个组织的支持与行动，这个全员参与的过程脱离组织保障机制，就难以将教育、科技、人才领域的各要素紧密联系起来，形成一体化发展的状态。因此，需要落实学校、企业、政府等组织的具体责任，坚持在党的领导下，形成全社会大力支持、相关组织各负其责的领导体制和工作机制。第二，健全制度保障。制度是在社会生活中要求大家共同遵守的规则和行为准则。制度本身可分为基本制度、根本制度和具体制度等。制度是落实工作的重要保障。优化制度保障体制机制有助于规范教育、科技、人才一体化发展中的具体操作步骤，提升教育、科技、人才一体化发展的效果。而只有适合教育、科技、人才各领域具体情况的制度保障体制机制，才能够发挥其正向作用，因而，在制定合理的规章制度时，要注重保持制度的严谨性，维护制度的权威性，在落实推进教育、科技、人才一体化发展的保障性体制机制时，要与各领域内部的其他系统相和谐，展现制度的公平性。此外，在保证相关制度规则的确定性的同时，保留一定弹性，但这种弹性不宜过大，要明确制度上量的尺度和质的依据，从而保证制度的可行性。第三，加强经费保障。无论是教育的发展、科技的创新，还是人才的培养，都离不开一定的物质支持。这是因为，教育、科技、人才各领域深入发展的艰巨性与复杂性，需要耗费大量的人力、物力和财力。因此，在推进教育、科技、人才一体化发展的过程中，要设立教育、科技、人才领域发展的专项经费，特别是要加大广东省政府对教育与科技创新的资金投入，与此同时，积极争取上级部门的财政支持，为顺利推进教育、科技、人才一体化发展提供稳定的财政支持。第四，完善监督保障。缺乏系统的监督保障体制机制，教育、科技、人才一体化发展工作就难以实现整体的最优化，就难以达到预期效果。因此，要着力强化评价督查机制，建立健全教育、科技、人才一体化发展的评价指标体系，确保一体化发展工作落到实处。此外，设置专门的一体化发展质量的评估机构，对一体化发展进程进行总体性评估，及时分析协同互动环节出现的新问题新情况，对于各种问题要及时反馈，并加以研究解决。第五，完善队伍保障。在推进教育、科技、人才一体化发展的进程中，高素质人才是决定性要素。人力资源储备越丰富，越能为一体化发展提供队伍保障，但是，值得注意的是，人才队伍越壮大，并不意味着越能够满足一体化发展的需要。这是因为推进教育、科技、人才一体化发展是一个系统性工程，涉及多个层面，需要兼备多种特质的复合型人才。因此，在人才队伍建设上，要优化队伍结构，使不同类型的专业人才数量均衡发展。

▼三　过程管理：做好一体化发展的全过程管理

教育、科技、人才一体化发展是一个循序渐进、不断发展的过程，不能一蹴而就，而且教育、科技、人才领域之间的互动与关系复杂多样、覆盖面广，单一或"一刀切"式的建设手段难以取得理想效果。而基于全过程管理的教育、科技、人才一体化发展对一体化发展进程中的每个重要环节进行评估与管控，有助于落实主体责任，确保每一环节工作完成的彻底性与质量，助推教育、科技、人才一体化发展的贯彻落实。教育、科技、人才一体化发展的全过程管理包括前期规划、过程控制、后期评估与改进等三个主要环节，因此要加强对教育、科技、人才一体化发展的全过程管理，强化规划引领，注重教育、科技、人才领域的资源衔接与合作，优化以结果为导向的后期考核评估管理。

1. 强化规划引领

教育、科技、人才一体化发展是一个系统性工程，需要对其总体规划进行安排，而前期的规划工作有助于为中后期工作的开展提供正确的方向，防止出现各领域工作各行其是的局面。近年来，广东省坚持教育、科技、人才融会贯通，加快人才强省、科技创新强省与教育强省建设，率先出台《关于加强基础与应用基础研究的若干意见》《关于减轻科研人员负担　激发创新活力的若干措施》等意见和管理条例，为统筹教育、科技、人才一体化发展做好规划，这些规划为一体化发展提供了正确方向。在这些规划的指引下，广东区域创新综合能力连续7年领跑全国，这充分证明了广东省委和省政府相关政策规划的正确性。

鉴于广东省以往在推进教育、科技、人才一体化发展方面的成功经验，有必要继续推进对教育、科技、人才一体化发展的前期规划工作。首先，坚持问题导向。在人才培养和科技创新中，加强对社会问题的观察，针对社会发展的现实需要确定规划内容，提高相关政策和意见的现实针对性与可行性，注重解决教育、科技、人才领域的关键问题。特别是当前我国重大科技方面的"卡脖子"问题，要针对这一问题，着力谋划科技自立自强的建设布局。其次，要强化目标导向。广东省教育、科技、人才发展要以国家目标和战略为导向，明确优先领域和发展目标。再次，灵活运用多种方式、上下结合构思规划。第一，组织专门的大讨论活动。在教育、科技、人才各部门开展有关"教育、科技、人才一体化发展"的专题讨论，引导各部门相关人员从思想上认识到推进教育、科技、人才一体化发展的必要性与可行性，鼓励各部门人员参与到一体化发展规划包括指标体系的制定中来，产生一大批可供参考的"金点子"。第二，广泛征求对教育、科技、人才一体化发展战略规划和指标体系的意见。在教育、科技、人才一体化发展战略发展规划初稿或指标体系形成以后，通过召开座谈会等方式，征集合理的建议或修改意见。第三，举办专题论证会，听取意见，并修改完善相关规划。这不仅有助于提高教育、科技、人才一体化发展规划的质量，而且便于大家统一思想，为相关发展规划的实施与推进打下思想基础。最后，注重对规划的解读传导，促成社会共识。教育、科技、人才一体化发展规划的制定与解读有着同样重要的地位。再科学、合理的规划只有被规划执行人员和广大群众了解和掌握，才能得到有效的执行和落实。换句话说，要发挥规划的引领作用，除了要具备好决策和意见，还需要理解和掌握相关理念和重点的工作思路。教育、科技、人才各领域的相关工作人员要做好辅助解读工作，通过举办高质量的工作人员研讨班和培训班等途径，直面相关工作人员在推进教育、科技、人才一体化发展进程中遇到的问题和困惑，理性分析教育、科技、人才一体化发展的现状，解读一体化发展规划的意图与目标、主要理念与思路等基本精神，并组织相关工作人员开展交流互动，联系实际说体会，从而达到统一思想的目标，加速推进教育、科技、人才一体化发展规划的有效实施。

2. 注重教育、科技、人才领域的资源衔接与合作管理

要落实教育、科技、人才一体化发展，离不开三者之间的资源共享、融合与合作。习近平总书记在主持中共中央政治局第五次集体学习时强调："建设教育强国、科技强国、人才强国具有内在一致性和相互支撑性，要把三者有机结合起来、一体统筹推进，形成推动高质量发展的倍增效应。"而教育、科技、人才三者之间的协调是一个复杂的系统工程，需要各部门的通力合作，进行整体化管理，以打破各自为政、条块分割的局面，达到既定一体化发展的目标。对此，有必要加强对创新人才培养融合、创新平台服务融合以及创新生态保障融合过程的管理。

首先，加强对创新人才培养融合过程的管理。创新人才是教育、科技、人才一体化发展的核心资源。创新人才培养融合过程包含人才贯通培养协作、人才集聚引进协作、人才放权赋能协作等环节。在创新人才贯通培养协作环节，要紧跟国家和广东省省内发展趋向，加强市场主体链接、科研平台贡献、人才培养体系等方面信息的互联共通，推进教学、管理体系等改革，如广东省积极推动高水平创新研究院、产业创新中心以及省实验室和粤港澳联合实验室等的建设，推进产业、人才和科技的紧密结合。在人才集聚引进协作环节，优化相关管理条例，加强各类高层次人才培养、引进，提升人社、科技、教育等部门的协同度。在推进科研人才放权赋能协作环节，着力突破阻碍科研人员创新创造的障碍，向高校和企业赋权，在经费使用、岗位设置、编制使用等方面赋予更大自主权。其次，优化创新平台服务融合过程的管理。一方面，要坚持市场主导、人才主力、高校主动、政府主推与企业主体，支持构建多学科交叉科研团队和创新联合体，聚焦"四个面向"需求，加强创新研究合作；另一方面，围绕国家战略需求，推进集成创新、原始创新，改进广东省科研院所与高校等科技

成果转化服务中心职能。最后，加强对创新生态保障融合过程的管理。良好的创新生态有助于为教育、科技、人才一体化发展提供良好的环境保障。第一，加强创新评价管理。打破以人才称号、学术头衔确定学术资源与薪酬待遇的惯性思维，推进人社、科技、教育等部门的协同指导，建立以成果贡献、创新价值、学术能力为核心的人才评价管理体系，重点考核相关工作人员解决实际问题的能力。第二，改进创新成果管理模式。通过构建综合性科学中心、融合共建研发经济空间等载体，构建完整产业生态链，打造更多的"创新雨林"，与此同时，加强创新成果共享与交流的管理，既要打破创新成果流通的壁垒，又要避免创新成果共享带来的知识产权隐患。第三，加强创新环境管理。注重对高端人才就业创业的培训，实施高匹配人才计划，建设高级人才平台，全要素建设广东省"创新特区"和"人才特区"，加强对人才引进及其附带的就医、创业、入学、落户等方面服务的落实管理，及时处理人才引进过程中出现的新问题、新情况，不断吸引一流创新人才，打造"近悦远来，拴心留人"的良好社会环境。

3. 加强后期考核评估管理

近年来，广东省积极推进高校建设，高校数量位居全国前列，8所高校入选新一轮"双一流"建设名单，高校学科专业结构进一步优化，与此同时，广东省还构建了460家省重点实验室、20家粤港澳联合实验室等，构筑了多层次高水平的实验室体系，在推进教育、科技、人才一体化发展方面进行了深入探索，取得了一定成就。但是对既有发展成效的评估，影响着后续教育、科技、人才一体化发展的推进。这是因为一体化发展工作的复杂性决定其建设工作难以达到十全十美的状态，对此，就需要通过对后期工作成果的评估，挖掘和发扬成功经验，改进不足。只有这样，才能推进教育、科技、人才一体化发展工作的不断完善。因此，考核评估管理不仅是一体化发展工作的评价，更是后续一体化发展工作开展的依据和基础。

要加强对教育、科技、人才一体化发展的考核评估管理。首先，要围绕教育、科技、人才一体化发展工作建立考核评估指标体系，围绕一体化发展总目标，细化任务，加强督查。教育、科技、人才一体化发展目标涉及多个领域，需要将其进行分解，并在此基础上构筑分类考核指标体系，指标体系的构建要遵循可行性、合理性、针对性原则。与此同时，还要及时对一体化发展各环节进行检查评价，将临时检查、常态化检查、重点检查和全面检查有机结合。其次，采用科学的考核评价方法。当前的考核评估方法包括以行为导向为标准的考核、以结果导向为标准的考核以及依据工作绩效特质性进行的考核。这些方法各有侧重与优点，需要综合运用。再次，对所要评估的对象进行深入细致的考察。考评结论的正确性与否，决定了后续反馈与改进工作是否有效。而掌握考核对象尽可能全面的资料和情况是影响考核评估合理性的关键一步。因此，要增强教育、科技、人才一体化发展工作的科学性，就必须对一体化发展工作的进度、成绩、不足、困境等具体情况进行调查研究，分析和整理各领域的发展资料，达到对一体化发展工作中各部门发展情况的充分掌握。最后，合理利用考核评估的结果，并及时进行反馈。教育、科技、人才一体化发展的评估结果可以衡量一体化发展的水平，了解各领域的建设效率。一体化发展评估结果的运用可以从如下三个方面着手。第一，依据评估结果，找出教育、科技、人才一体化发展短板，积极组织相关人才进行讨论，寻求改进之策。而对于评估成果的积极方面，要探索其成功原因与经验，并将其运用至后续的一体化发展工作之中。第二，依据一体化发展评估结果进行奖励和表彰活动。对于推进教育、科技、人才一体化发展的先进工作者，给予适当的补贴，通过先进事迹报告会、先进工作者评选等表彰活动予以嘉奖，以发挥先进工作者的示范引领作用，激发调动相关责任主体的积极性。第三，对于在一体化发展工作中取得显著成绩的机构或部门，要加大经费支持，鼓励相关机构和部门开展创新性研究，以带动更多的相关部门和机构改进自身的工作，积极为教育、科技、人才一体化发展作贡献。

主要参考文献

1．《高举中国特色社会主义伟大旗帜 为全面建设社会主义现代化国家而团结奋斗——在中国共产党第二十次全国代表大会上的报告（2022年10月16日）》，《人民日报》2022年10月26日。

2．中共中央宣传部：《习近平新时代中国特色社会主义思想学习纲要》，人民出版社2023年版。

3．《广东省国民经济和社会发展第十四个五年规划和2035年远景目标纲要》，中国政府网2021年4月6日。

4．《广东省科技创新"十四五"规划》，广东省人民政府门户网站2021年9月22日。

5．《广东省制造业数字化转型实施方案（2021-2025年）》，广东省人民政府门户网站2021年6月30日。

6．燕连福、李晓利：《建设人才强国》，中国青年出版社2022年版。

7．任初轩：《如何建设世界重要人才中心和创新高地》，人民日报出版社2022年版。

8．郑贤操、萧鸣政：《广东省人才发展研究报告2021》，中国社会科学出版社2022年版。

9．卢晓中：《广东教育改革发展40年》，中山大学出版社2018年版。

10．杨晓慧、弓昭民：《新时代推进大中小学思想政治教育一体化发展》，《思想理论教育导刊》2023年第1期。

11．罗伟其：《广东教育"创强争先建高地"纪实》，广东高等教育出版社2017年版。

▶ 后 记

党的二十大是我国实现民族复兴、国家崛起进程中一项里程碑式的重要会议，对教育、科技、人才的高度重视已然成为实现中国式现代的国家战略，并在二十届三中全会决议中得到进一步的明确与落实。此部书稿《以教育、科技、人才支撑广东现代化建设研究》正是以国家治理的最新战略部署为指导，较为系统地分析总结了广东省教育、科技与人才培养发展的现状及存在问题与解决方案，希望能够为广东省落实中央工作部署工作贡献绵薄之力。

书稿如期完成是研究团队共同努力的成果，中山大学马克思主义学院博士研究生禹世波、廖秋，以及硕士研究生曾鑫琦、李欣都为此做出努力。书稿的完成与顺利出版得益于中山大学马克思主义学副院长张浩教授及广东人民出版社编辑团队的整体规划与研究指导，在此一并表示感谢！

刘 燕

2024年8月